D1502501

Petit manuel de rédaction à l'usage des étudiants en droit

Petit manuel de rédaction à l'usage des étudiants en droit

JOSÉE RINGUETTE, LL.B., LL.M.

Avocate

Consultante en recherche et rédaction juridiques

Chargée de cours à la Faculté de droit de l'Université de Montréal

LES ÉDITIONS THÉMIS

Catalogage avant publication de Bibliothèque et Archives nationales du Québec et Bibliothèque et Archives Canada

Ringuette, Josée

Petit manuel de rédaction à l'usage des étudiants en droit
Comprend des réf. bibliogr.
ISBN 978-2-89400-272-8

1. Rédaction juridique – Guides, manuels, etc. 2. Droit – Recherche documentaire – Guides, manuels, etc. I. Titre.

K94.R56 2009   808'.06634   C2009-941682-4

Bibliothèque nationale du Canada   Bibliothèque nationale du Québec

Composition : Claude Bergeron
Graphisme : BeInteractive

Ouvrage publié grâce à l'aide financière du gouvernement du Canada
(par l'entremise du Programme d'aide au développement
de l'industrie de l'édition (PADIÉ))

Éditions Thémis
Faculté de droit
Université de Montréal
Courriel : themis@droit.umontreal.ca
Site Internet : http://www.themis.umontreal.ca
Téléphone : 514 343-6627
Télécopieur : 514 343-6779

AVANT-PROPOS

Ce petit manuel, comme son nom l'indique, est d'abord destiné aux étudiants en droit ; nous espérons qu'il saura les éclairer et les guider dans leurs travaux. La recherche et la rédaction étant toutefois des éléments importants de la pratique d'un juriste, nous pensons qu'il pourra également intéresser un public plus large.

Organiser ses idées de façon logique et cohérente, faire un plan, rédiger avec précision, concision et sobriété sont des habiletés que tous ne maîtrisent pas d'emblée. Heureusement, et nous pouvons en témoigner, ces habiletés se développent avec le travail, la persévérance... et la mise en application de quelques principes et conseils que nous exposons ici.

Nous avons divisé notre manuel en huit sections. La première, très courte, présente la dissertation comme écrit juridique. Les sections suivantes sont consacrées, dans l'ordre logique, aux différentes étapes d'élaboration d'un tel travail : la recherche, l'analyse de l'information, la construction du plan et, dernière étape, la rédaction. La dernière partie s'intéresse à une autre forme d'écrit couramment utilisée dans la pratique du droit : l'avis juridique.

Cet ouvrage est d'abord le fruit de notre parcours d'étudiante au baccalauréat, puis à la maîtrise, et de notre expérience professionnelle, notamment à titre de recherchiste à la Cour d'appel du Québec, puis de chargée de cours à la Faculté de droit de l'Université de Montréal. Il est également inspiré de notre travail avec M. Ghislain Massé, Mme Liette Malouin et le comité des études de la Faculté de droit (UdM) dans le cadre de la réforme des cours d'habiletés du juriste. Finalement, ce guide doit beaucoup aux nombreux ouvrages consultés dont vous trouverez la référence dans les notes de bas de page et la bibliographie.

En terminant, nous aimerions remercier chaleureusement toute l'équipe des Éditions Thémis, en particulier son Directeur, le professeur Stéphane Rousseau, ainsi que le comité exécutif, lesquels ont cru en notre projet et nous ont offert leur soutien. Merci également à Me Christian Saint-Georges, responsable de l'édition chez Thémis, pour nous avoir accompagnée dans le processus d'édition.

L'objectif premier de ce petit guide est d'abord didactique et nous espérons qu'il pourra évoluer au fil du temps afin de mieux répondre à vos besoins. Vous êtes donc cordialement invités à me faire part de vos commentaires à l'adresse suivante : josee.ringuette@umontreal.ca.

TABLE DES MATIÈRES

1 DISSERTATION[1]

1.1 Commentaires introductifs : définition et objet

D'abord, qu'est-ce qu'une dissertation ? *Le Nouveau Petit Robert de la langue française 2009* définit ainsi cet exercice de recherche, de réflexion et d'écriture : « 1. Développement, le plus souvent écrit, portant sur un point de doctrine, sur une question savante. »

Dans un petit ouvrage paru en 1963, Paul-A. Crépeau et Jean Roy proposaient la définition suivante, plus appropriée au contexte juridique : « La dissertation juridique est un discours écrit comportant l'examen détaillé, critique et systématique d'une question de droit. »[2]

Au sujet de la FORME de la dissertation, ces deux auteurs tenaient alors des propos qui ont conservé leur pertinence : « L'auteur d'une dissertation doit avoir un souci constant de la sobriété, de la concision et de la précision dans le choix des termes et des expressions juridiques. » Ces trois mots – **sobriété, concision et précision** – sont d'une importance capitale en droit et il convient de toujours les avoir à l'esprit lorsque vous rédigez, quel que soit l'écrit en cause : procédure, mémoire, dissertation, avis juridique, etc.

---

[1] Sources consultées pour l'élaboration des différentes sections de cet ouvrage sur la rédaction d'une dissertation : Paul A. CRÉPEAU et Jean ROY, *La dissertation juridique*, Faculté de droit, Université de Montréal, 1963, Liliane GOULET et Ginette LÉPINE, *Cahier de méthodologie*, 4e éd., Université du Québec à Montréal, 1987 ; Denis LE MAY, *Méthodologie du travail juridique*, Montréal, Wilson & Lafleur, 1990, chapitre I et III ; Gilles GOUBEAUX et Philippe BIHR, *Les épreuves écrites de droit civil*, 8e éd., Paris, L.G.D.J., 1996, chapitre II ; Gisèle LAPRISE, *Les outils du raisonnement et de la rédaction juridique*, Montréal, Éditions Thémis, 2000, chapitre 8 ; Me Nathalie VÉZINA, avec la collaboration de Me Stéphane REYNOLDS, *Guide d'initiation à la communication orale et écrite en droit*, dans le cadre du cours Méthodologie juridique – Partie II (DRT 130), Faculté de droit de l'Université de Sherbrooke, 2003-2004 ; Daniel GARDNER et Dominique GOUBAU, *Guide de la dissertation juridique*, 3e éd., Québec, Faculté de droit de l'Université Laval, document disponible en ligne : <http://www.fd.ulaval.ca/ publications/couverture.html>.

[2] P.-A. CRÉPEAU et J. ROY, *id.*, p. 5.

1

Quant au FOND, « la substantifique moelle » comme l'aurait dirait un autre[3], les mêmes auteurs écrivent encore :

> « L'auteur doit, avec discernement et clarté, exposer les arguments qui lui paraissent valables, en montrer le bien-fondé, répondre aux critiques et aux objections des adversaires. Il doit motiver ses opinions et, toujours, donner ses références.
>
> C'est là une tâche délicate et qui exige un esprit critique, un sens de la mesure et des nuances, de même qu'un souci constant de rigueur scientifique, qui écarte les généralisations hâtives et les affirmations gratuites. »[4]

Pour faire une bonne dissertation, il faut une bonne recherche, un bon plan et beaucoup de travail. Généralement, 3 versions devront être réalisées pour parvenir à un résultat final convenable.

Avant de vous lancer, vous devrez vous demander où vous allez, quel est votre objectif ; bref, vous devrez définir votre ligne directrice. Les étudiants se demandent souvent quelle approche retenir : s'agit-il d'une dissertation explicative ou critique ?

Dans une dissertation juridique, les approches sont souvent combinées. Règle générale, vous aurez dans votre dissertation une part d'explication et une part d'appréciation. Les auteurs Goubeaux et Bihr décrivaient d'ailleurs ainsi la dissertation : « L'objet de la dissertation est l'exposé, l'explication, la discussion, des règles de droit relatives à une question déterminée. »[5]

Exposé[6]

A.- [Construit avec un compl. introduit par *de*] Discours oral ou écrit, où sont présentés selon un ordre déterminé par les règles d'une discipline ou la situation d'énonciation, des données de fait, le contenu de la discipline, d'une doctrine ou d'une œuvre, les termes d'un problème dans le but d'informer ou de fournir la matière d'une discussion.

---

3   François Rabelais, écrivain satirique français, auteur de *Gargantua* et *Pantagruel*.

4   P. A. CRÉPEAU et J. ROY, préc., note 1, p. 7.

5   G. GOUBEAUX et P. BIHR, préc., note 1, p. 31 (Nous soulignons).

6   Définition du mot « exposé » sur le site du *Centre National de Ressources Textuelles et Lexicales*, en ligne : <http://www.cnrtl.fr/definition/exposé>.

Explication[7]

A.- Développement consistant à faire comprendre, à éclaircir quelque chose. (...)

Discussion[8]

N.F. – Lat. *discussio*, de *discutere*, préf. *dis* exprimant la séparation et *quatere* (*quassum*), secouer, propr. séparer en secouant.

2 (en doctrine). Exposé d'une controverse ; développement d'une argumentation sur un point débattu ou une question problématique, dans une étude doctrinale (raisons, objections, réfutations, etc.). V. *raisonnement juridique, examen, critique, objection*.

Bref, bien souvent, il sera nécessaire d'exposer le droit, actuel ou hypothétique, de l'expliquer, de le comparer au besoin, puis de prendre position, de discuter. En effet, quel est l'intérêt d'écrire une dissertation en l'absence de tout objet de discussion ? Le droit n'est pas neutre ; il fournit régulièrement matière à discussion, il est fertile en controverses.

1.2 Divisions : introduction, développement, conclusion

La dissertation comporte **3** grandes divisions : l'introduction, le développement et la conclusion.

De façon générale, le travail est réparti selon les proportions suivantes : 10 % pour introduction ; 85 % pour le développement ; et 5 % pour la conclusion. Il s'agit là d'approximations ; il peut arriver qu'un auteur s'attarde à l'introduction ou à la conclusion.

Ces trois grandes divisions sont implicites et n'ont pas à être indiquées dans le texte. Bien que ce ne soit pas nécessaire, certains auteurs annoncent l'introduction et la conclusion en indiquant textuellement dans le corps du

---

[7]   Définition du mot « explication » sur le site du Centre *National de Ressources Textuelles et Lexicales*, en ligne : <http://www.cnrtl.fr/definition/explication>.

[8]   Gérard CORNU (dir.) / ASSOCIATION HENRI CAPITANT, *Vocabulaire juridique*, 8ᵉ éd., Paris, Quadrige/PUF, 2007, p. 315.

texte « Introduction » et « Conclusion ». Toutefois, on ne doit jamais écrire « Développement » pour annoncer cette division.

La dissertation, comme tout écrit de plus de quelques pages nécessite l'élaboration d'un plan pour son développement. On retrouvera donc dans le développement le plan explicite de la dissertation, c'est-à-dire les divisions du plan dont les intitulés seront intercalés dans le corps du texte.

1.3 Étapes de réalisation

La réalisation d'une dissertation, comme tout travail de recherche qui nécessite un compte rendu écrit, passe par l'accomplissement d'un certain nombre d'étapes que nous examinerons dans cet ouvrage : ainsi, il vous faudra choisir et/ou cerner votre sujet, faire une recherche, sélectionner les informations pertinentes, faire une lecture active, comprendre, analyser, synthétiser, critiquer, organiser et rédiger. L'exercice est loin d'être facile, mais le passage obligé pour quiconque étudie le droit. Commençons donc sans plus tarder.

2 QUELQUES REPÈRES POUR LA RECHERCHE

2.1 Choisir et cerner le sujet

Si vous êtes responsable du CHOIX DE VOTRE SUJET, vous devrez vous poser un certain nombre de QUESTIONS afin de vous assurer que votre projet de recherche pourra être mené à terme :

- Y a-t-il suffisamment de documentation disponible sur le sujet que j'envisage d'étudier (législation, jurisprudence, doctrine) ou, au contraire, est-il surexploité ?

- Le sujet m'intéresse-t-il, est-il d'actualité ? Le choix d'un sujet d'actualité peut être intéressant dans une optique de publication.

- Mon projet de recherche est-il trop ambitieux, le sujet trop complexe, ou au contraire, ne l'est-il pas assez ?

- Dois-je élargir ou réduire le spectre de recherche afin de répondre aux exigences du travail (ex. complexité du sujet, nombre de pages, aspects à couvrir, temps disponible, exigences particulières du professeur, etc.) ?

Que ce soit pour trouver un sujet, répondre aux questions précédentes ou mieux cerner les contours du sujet, faites une RECHERCHE PRÉLIMINAIRE, consultez les périodiques juridiques, les journaux, promenez-vous à la bibliothèque, discutez-en avec vos professeurs, lisez un ou deux articles de périodique ou les sections pertinentes d'un ouvrage général sur le sujet.

Ne tardez pas à choisir votre sujet et, lorsque vous aurez fait une recherche préliminaire et l'aurez jugée satisfaisante, ne changez pas de sujet à la dernière minute. À moins d'une situation exceptionnelle, il est mal avisé de changer de sujet lorsque vous avez déjà engagé des efforts dans la réalisation du travail.

Que votre sujet soit choisi ou imposé, assurez-vous d'en saisir les tenants et aboutissants avant de vous lancer. L'essentiel est de COMPRENDRE LA SIGNIFICATION du sujet et de CONNAÎTRE L'ORIENTATION du travail.

- Si votre sujet est imposé, assurez-vous de bien comprendre tous les termes de l'énoncé de recherche.

- Si votre sujet est choisi, il convient également de le situer dans son contexte et de bien le définir avant de commencer. Prenez soin de formuler la question ou l'énoncé qui sera le fil conducteur de votre travail.

Les dictionnaires juridiques, les monographies, les lois et codes annotés et les ouvrages didactiques de l'École du Barreau du Québec (collections de droit) peuvent vous être utiles dans cette opération de défrichage.

LISTE NON EXHAUSTIVE DE DICTIONNAIRES JURIDIQUES D'USAGE COURANT

CENTRE DE RECHERCHE EN DROIT PRIVÉ ET COMPARÉ DU QUÉBEC, *Dictionnaire de droit privé et lexiques bilingues*, 2e éd., Cowansville, Éditions Yvon Blais, 1991.

CENTRE DE RECHERCHE EN DROIT PRIVÉ ET COMPARÉ DU QUÉBEC, *Dictionnaire de droit privé de la famille et lexiques bilingues*, Cowansville, Éditions Yvon Blais, 1999.

UNIVERSITÉ D'OXFORD / CENTRE DE RECHERCHE EN DROIT PRIVÉ ET COMPARÉ DU QUÉBEC, *Dictionnaire de droit privé et lexiques bilingues. Les obligations*, Cowansville, Éditions Yvon Blais, 2003.

Hubert REID, *Dictionnaire de droit québécois et canadien*, 3e éd., Montréal, Wilson & Lafleur, 2004.

Bryan A. GARNER (dir.), *Black's Law Dictionary*, 8e éd., Thomson & West, 2004.

Daphne DUKELOW, *Pocket Dictionary of Canadian Law*, 4e éd., Thomson & Carswell, 2006.

Albert MAYRAND, *Dictionnaire de maximes et locutions latines utilisées en droit*, 4e éd. mise à jour par Mairtin Mac AODHA, Cowansville, Éditions Yvon Blais, 2006.

Gérard CORNU (dir.) / ASSOCIATION HENRI CAPITANT, *Vocabulaire juridique*, Paris, Quadrige / PUF, 2007.

2.2 Par où commencer : législation, jurisprudence ou doctrine ?

Une fois cette opération de défrichage complétée et l'énoncé du sujet établi et compris, une question se pose : PAR OÙ COMMENCER : LA JURISPRUDENCE, LA LOI OU LA DOCTRINE ?

La démarche de recherche est susceptible de varier en fonction du sujet, mais voici tout de même quelques conseils.

✓ En premier lieu, il faut déterminer de quel DOMAINE DE DROIT relève le sujet ou la problématique de travail.

S'agit-il de droit public (droit constitutionnel, droit administratif, droit fiscal, droit pénal, droit international public, etc.), de droit privé (droit civil, droit commercial, droit international privé), de droit mixte (droits et libertés, droit du travail, droit judiciaire, etc.) ? Parfois, un sujet touchera plus d'un domaine de droit.

✓ Ensuite, il faut nécessairement identifier les DISPOSITIONS LÉGISLATIVES ET RÉGLEMENTAIRES pertinentes.

En cette matière, L'EXHAUSTIVITÉ EST LA RÈGLE[1]. Vous avez intérêt à identifier toutes les dispositions susceptibles de trouver application. Par ailleurs, il ne faut pas oublier que les règles juridiques applicables seront parfois contenues ou précisées dans la jurisprudence.

Une fois les dispositions législatives et réglementaires pertinentes identifiées, vous pourrez consulter les CODES ET LOIS ANNOTÉS qui offrent souvent de bonnes pistes de recherche.

---

1 Denis LE MAY, « Recherche jurisprudentielle : faut-il tout trouver ? Problèmes et limites de l'exhaustivité », (2006) 38-9 *Journal du Barreau du Québec* 9. Voir également Denis LE MAY, *La recherche documentaire juridique au Québec*, Montréal, Éditions Wilson & Lafleur/SOREJ, 1984, p. 16 : « Sauf pour la législation, il est généralement déconseillé de rechercher l'exhaustivité des documents pertinents. Il existe souvent en jurisprudence et en doctrine une relation inversement proportionnelle entre la pertinence et l'exhaustivité et un grand nombre de documents comprend beaucoup de documents inutiles. »

✓ Bien que la DOCTRINE arrive au dernier rang des sources de droit, elle joue souvent un RÔLE DE 1ᵉʳ PLAN dans la recherche juridique.

Ainsi, en troisième lieu, il peut être utile de repérer rapidement quelques articles de périodiques et une ou deux monographies qui traitent de votre sujet afin que vous puissiez, d'une part, mieux comprendre l'objet de votre travail et, d'autre part, mieux délimiter votre recherche.

À noter cependant que, dans certains contextes, par exemple, lorsqu'une décision en particulier fait l'objet de notre travail, ce n'est pas la doctrine que l'on cherchera d'abord, mais une ou plusieurs décisions particulières.

N'oubliez pas que les TABLES BIBLIOGRAPHIQUES ET LES NOTES DE BAS DE PAGE peuvent accélérer le processus de recherche ; vous y trouverez les références de textes de doctrine et de décisions pertinentes.

Avant de vous lancer dans une grande recherche de jurisprudence, consultez d'abord les textes de doctrine qui abordent votre sujet. En effet, pourquoi refaire ce qui a déjà été fait si cela a été bien fait ? Il suffira souvent de compléter la recherche pour la période postérieure à la date de parution des textes de doctrine consultés.

✓ Finalement, il est souvent nécessaire de trouver certaines DÉCISIONS CLEFS ou de faire une recherche de JURISPRUDENCE sur des questions particulières qui ne sont pas traitées en profondeur dans les textes consultés.

Il est préférable d'avoir établi des paramètres clairs avant d'entamer cette recherche. Vous éviterez ainsi de ratisser trop large et de perdre votre temps.

2.3 Quelques trucs et conseils pour la recherche

Nous formulons ici quelques trucs et conseils pour faciliter et accélérer vos travaux de recherche.

✓ Avant tout, planifiez une STRATÉGIE DE RECHERCHE en fonction du sujet, de l'ampleur du travail et du temps dont vous disposez.

Établissez les sources à consulter et déterminez l'ordre dans lequel vous allez procéder. Vous éviterez ainsi de vous éparpiller en cours de route.

✔ Que ce soit pour la recherche de doctrine ou de jurisprudence, préparez une liste de MOTS-CLEFS utiles.

Pensez à des synonymes et des mots associés ou apparentés au sujet. Une recherche préliminaire et quelques lectures peuvent vous aider à mettre le doigt sur les mots-clefs pertinents.

Lorsque vous utilisez un outil de recherche, vérifiez s'il existe un lexique ou un plan de classification qui vous permet de déterminer les mots-clefs utilisés pour un sujet en particulier (ex. champ de recherche « sujet » dans une notice sur ATRIUM – catalogue des bibliothèques de l'UdM – ou plan de classification dans AZIMUT – SOQUIJ).

Prêtez attention à l'orthographe des mots lorsque vous formulez votre requête de recherche !

✔ Faites un PLAN PROVISOIRE pour votre développement afin d'éviter de vous éloigner du sujet, de perdre du temps et de vous retrouver en fin de compte avec une pile de documents que vous n'utiliserez pas.

✔ Choisissez les BONS OUTILS DE RECHERCHE. Les sources les plus pertinentes peuvent varier en fonction du sujet de recherche.

À titre d'exemple, si vous souhaitez faire une recherche de jurisprudence sur un aspect particulier de la responsabilité civile en droit québécois, il serait plus utile d'utiliser AZIMUT (SOQUIJ) que LEXISNEXIS/QUICKLAW. En effet, AZIMUT contient uniquement de la jurisprudence québécoise et comporte un plan de classification qui augmente l'efficacité de la recherche.

✔ Tenez un JOURNAL DE BORD afin de conserver une trace des recherches effectuées afin d'éviter les répétitions inutiles ou les oublis.

Notez à la fois la démarche de recherche (outils de recherche consultés, mots-clefs et combinaisons utilisés), les résultats obtenus et la date à laquelle les recherches ont été effectuées. Utilisez un cartable ou un cahier de recherche afin de ne pas égarer vos notes.

✓ Pensez explorer les sites des bibliothèques de droit ; ils fournissent une quantité de renseignements et de liens fort utiles.

✓ N'hésitez pas à consulter les bibliothécaires de référence au besoin ; elles peuvent vous faire gagner un temps précieux.

2.4 Pertinence et hiérarchie des sources

Dans le contexte où les ressources se multiplient et le contenu des bases de données croît à vue d'œil, n'oubliez pas que le mieux est l'ennemi du bien. Lorsqu'il s'agit de faire des recherches de ~~doctrine et de jurisprudence~~, l'idée n'est pas de tout trouver, mais de ~~trouver les sources les plus pertinentes pour votre travail~~.

Comme le suggérait un auteur, PRÉFÉREZ DONC « ~~LA SÉLECTIVITÉ À L'EXHAUS-TIVITÉ~~ »[2] et « ~~LA PERTINENCE À L'ABONDANCE~~ » parce que « ... toute recherche d'exhaustivité se traduit en perte de pertinence (plus on a de documents, plus on en a d'inutiles !). La règle d'or consistera à miser sur les documents de grande qualité et qu'on est le plus susceptible d'utiliser. »[3]

Faites un tri dans les documents repérés. Tout n'est pas nécessairement pertinent ou intéressant. Parcourez la table des matières, le résumé, les grands titres des textes trouvés. Consultez l'index au besoin. Lisez l'introduction et la conclusion d'un article, d'un chapitre. Faites une lecture en diagonale et ne conservez que les documents vraiment pertinents pour votre travail.

Cet exercice de sélection doit se faire à différentes étapes : lorsque vous faites votre recherche, lorsque vous décidez de photocopier ou d'imprimer un document et, finalement, lorsque vous pensez avoir amassé toute la documentation dont vous avez besoin.

Vous devez ~~ÉTABLIR UNE HIÉRARCHIE~~ entre les différents documents trouvés ; ils n'ont pas tous la même importance. Posez-vous les questions suivantes : ~~qui, quand, où et comment~~ ? Vous devez vous demander de qui

---

2   Denis Le May suggère de faire preuve de sélectivité plutôt que d'exhaustivité dans la recherche jurisprudentielle. D. LE MAY, « Recherche jurisprudentielle : faut-il tout trouver ? Problèmes et limites de l'exhaustivité », préc., note 1.

3   D. LE MAY, *La recherche documentaire juridique au Québec*, préc., note 1, p. 63.

émane le document, à quel moment et à quel endroit il a été publié ou diffusé et quels sont les paramètres de l'étude qu'il contient.

Qui ? EX. Une décision de la Cour d'appel ou de la Cour suprême a plus de poids qu'une décision de la Cour supérieure, de la Cour du Québec ou des tribunaux administratifs. Ainsi, à moins que vous ne souhaitiez étudier les différents courants de jurisprudence, il ne sert à rien de lire la panoplie de jugements contradictoires rendus par la Cour supérieure et la Cour du Québec si la Cour d'appel a rendu un jugement qui a tranché définitivement le débat.

Quand ? À moins que vous ne fassiez une recherche historique, préférez les SOURCES LES PLUS RÉCENTES. EX. Si un auteur a publié une nouvelle édition de sa monographie en 2005, ne citez pas celle de 1995. Bref, assurez-vous d'avoir la dernière édition de l'ouvrage consulté dans le cas de monographies ou d'ouvrages publiés annuellement (ex. Collections de droit de l'École du Barreau du Québec).

Où ? Les informations trouvées sur le site Internet officiel du gouvernement ou d'organisations reconnues sont certainement plus crédibles, plus sûres que celles qui émanent de sites personnels, de blogues ou des encyclopédies libres (ex. Wikipédia).

Comment ? EX. Il se peut que le document trouvé traite spécifiquement de votre sujet, mais dans le contexte d'une autre juridiction. L'auteur peut avoir adopté une approche purement théorique en faisant abstraction du droit positif, alors que vous cherchez précisément à connaître le droit applicable.

Bien sûr, vous devez faire des choix, mais prenez soin de ne pas écarter des éléments utiles. Par exemple, s'il y a deux auteurs importants en droit des biens au Québec, consultez les deux ouvrages ; il est possible qu'ils n'aient pas le même avis sur l'interprétation d'un point de droit donné.

Demandez-vous finalement si vous avez amassé une documentation qui vous permettra d'aborder tous les aspects soulevés dans votre travail. Peut-être devrez-vous faire un nouveau bilan une fois vos lectures complétées.

Il peut être utile à cette étape de faire une BIBLIOGRAPHIE SOMMAIRE. Vous pourrez ainsi faire de l'ordre et vous y retrouver rapidement par la suite.

2.5 Petit aide-mémoire des sources à consulter

Nous n'avons pas ici de prétention à l'exhaustivité ; nous faisons simplement un rappel des principales sources à consulter en recherche juridique au Québec.

Législation

Pour une version à jour des lois du Canada et des lois du Québec, l'idéal est de consulter les sites institutionnels sur Internet, en particulier le site des Lois du Canada, de la Gazette du Canada et de Publications du Québec.

Bien sûr, l'édition officielle des lois en version papier peut toujours être consultée en bibliothèque. Prenez toujours soin de vérifier la date de la dernière mise à jour. Il existe également des éditions privées des lois importantes qui, sans être annotées, comprennent tous les règlements et formulaires rattachés à la loi et peuvent aisément que aisément empruntés à la bibliothèque.

Par ailleurs, les codes et lois annotés, disponibles en bibliothèque ou en ligne, sont une source très utile pour débuter une recherche. Ils permettent d'identifier rapidement la jurisprudence et la doctrine qui ont interprété et commenté les dispositions d'une loi.

Vous trouverez une liste des codes et lois annotés sur la plupart des sites des bibliothèques de droit (EX. Bibliothèque de droit de l'Université de Montréal : <http://www.bib.umontreal.ca/DR/ressources/codes-lois-annotes.htm>).

> QUELQUES EXEMPLES DE CODES
> ET LOIS ANNOTÉS COURAMMENT UTILISÉS
>
> Jean-Louis BAUDOUIN et Yves RENAUD, *Code civil du Québec annoté*, 11ᵉ éd., 2 volumes, Montréal, Wilson & Lafleur, 2008, également disponible en ligne sur la base de données AZIMUT (SOQUIJ).
>
> Gilles COURNOYER et Gilles OUIMET, *Code criminel annoté 2009*, Cowansville, Éditions Yvon Blais, 2008.

André DUBOIS et Paul SCHNEIDER, *Code criminel et lois connexes annotés 2009*, Brossard, Publications CCH ltée, 2008.

Clause MASSE, *Loi sur la protection du consommateur : analyse et commentaires*, Cowansville, Éditions Yvon Blais, 1999.

Nathalie A. BÉLIVEAU et al., *LegisPratique : Code de procédure civile annoté 2008*, Montréal, LexisNexis, 2008.

Hubert REID et Claude CARRIER, *Code de procédure civile du Québec : jurisprudence et doctrine*, 23e éd., Collection alter ego, Montréal, Wilson & Lafleur, 2007.

Doctrine

Pour repérer les monographies, périodiques, mémoires de maîtrise et thèses de doctorat, recueils d'études et certains rapports et documents, consultez d'abord le catalogue de votre bibliothèque de droit.

* Bibliothèque de droit (UdM) : Atrium
* CAIJ : Biblio
* Nahum Gelber Law Library (McGill) : Muse
* Université Laval : Ariane
* Université d'Ottawa : Orbis
* UQAM : Virtuose
* Université de Sherbrooke : Crésus

Pour trouver des articles de périodique, utilisez l'*Index à la documentation juridique au Canada* (ICLL) qui recense également certaines monographies, mémoires, thèses, etc. Il est disponible sur les bases de données telles LEXISNEXIS/QUICKLAW, WESTLAW*e*CARSWELL et en version papier dans le *Canadian Abridgment*.

Pour repérer la doctrine québécoise spécifiquement, vous pouvez consulter l'*Annuaire de jurisprudence et de doctrine du Québec* en version papier ou la banque Doctrine sur AZIMUt (SOQUIJ) qui repère les différents types d'écrits doctrinaux.

Les bases de données informatiques comme LEXISNEXIS/QUICKLAW ou DROIT CIVIL EN LIGNE (Éditions Yvon Blais) donnent également accès aux textes intégraux de plusieurs monographies, recueils ou articles de revues juridiques. Vous trouverez également des textes intégraux d'articles sur WESTLAW*e*CARWELL.

N'oubliez pas que plusieurs périodiques sont maintenant disponibles en ligne. Consultez le site de votre bibliothèque de droit (*Ressources électroniques* ou *Périodiques électroniques*). Vous pouvez accéder à ces ressources des postes de la bibliothèque ou de la maison en configurant votre ordinateur pour accéder au réseau (*proxy*).

Jurisprudence

Utilisez les bases de données informatiques comme AZIMUT (SOQUIJ), LEXISNEXIS/QUICKLAW, WESTLAW*e*CARSWELL, REJB.

Pour une recherche en droit privé québécois spécifiquement, il peut être plus utile d'avoir recours à AZIMUT en raison du travail d'édition qui augmente la pertinence des résultats.

Si vous faites une recherche en droit public ou en droit canadien, il sera alors utile d'utiliser LEXISNEXIS/QUICKLAW ou WESTLAW*e*CARSWELL. La base de données LawSource offre notamment un accès aux *Sommaires de jurisprudence du Canadian Abridgment*

À la bibliothèque, vous pouvez également utiliser le *Canadian Abridgment* (version papier), l'*Annuaire de jurisprudence et de doctrine du Québec* et les *Jurisprudence Express* (version papier) ainsi que les recueils de jurisprudence juridictionnels (ex. R.C.S.) et non juridictionnels (ex. R.J.Q.).

Le site de l'*Institut canadien d'information juridique* donne un accès gratuit à la législation et la jurisprudence des provinces canadiennes et du fédéral. Le moteur de recherche est cependant un peu moins sophistiqué que pour les bases de données. La période de couverture des collections est souvent récente.

RESSOURCES JURIDIQUES SUR INTERNET
(LISTE NON EXHAUSTIVE)

Législation

- Ministère de la Justice du Canada : http://lois.justice.gc.ca
- Parlement du Canada : http://www.parl.gc.ca
- Publications du Québec : http://www.publicationsduquebec. gouv.qc.ca/accueil.fr.html

- Ministère de la Justice du Québec :
  http://www.justice.gouv.qc.ca
- Assemblée nationale : http://www.assnat.qc.ca
- Gazette du Canada :
  http://canadagazette.gc.ca/index-fra.html

Jurisprudence (sites gratuits)

- Jugements (SOQUIJ) : http://www.jugements.qc.ca
- Cour suprême : http://www.scc-csc.gc.ca*
- Tribunaux du Québec : http://www.tribunaux.qc.ca

Portails et sites d'information juridique

- Institut canadien d'information juridique (IIJCAN) :
  http://www.canlii.org/index_fr.html
- LEXUM : http://www.lexum.umontreal.ca
- Éducaloi : http://www.educaloi.qc.ca

Bases de données (Jurisprudence et doctrine)

- LEXISNEXIS/QUICKLAW http://www.lexisnexis.com/ca/legal
- AZIMUT (Pag-Azimut**) : http://pag.azimut.soquij.qc.ca
- REJB (Répertoire électronique de jurisprudence
  du Barreau) et DCL (Droit civil en ligne) :
  http://www.editionsyvonblais.com
- Westlawecarswell : http://ecarswell.westlaw.com

Bibliothèques de droit

- Bibliothèque de droit UdM :
  http://www.bib.umontreal.ca/DR/
- CAIJ : http://www.caij.qc.ca
- Nahum Gelber Law Library (Mc Gill) :
  http://www.mcgill.ca/law-library

---

* Les décisions de la Cour suprême en version électronique sont disponibles par l'entremise de Lexum.

** Programme d'accès gratuit pour les étudiants en droit.

- Université Laval :
  http://www.bibl.ulaval.ca/mieux/chercher/portails/droit
- Université d'Ottawa : http://www.biblio.uottawa.ca/
  section-home. php?g=fr&s=ftx&c=home
- UQAM : http://www.bibliotheques.uqam.ca/bibliotheques/
  sc_juridiques/index.html
- Université de Sherbrooke :
  http://www.usherbrooke.ca/biblio/disciplines/droit/

Rédaction

- Grand dictionnaire terminologique :
  http://www.granddictionnaire.com
- Lexicologos (Dictionnaires multilingues) :
  http://www.lexilogos.com/index.htm
- Centre National de Ressources textuelles et lexicales :
  http://www.cnrtl.fr
- Centre de communication écrite en français (UdM) :
  http://www.cce.umontreal.ca/ateliers/index.htm

2.6 Photocopies et impressions

Tous les textes n'ont pas à être photocopiés ou imprimés ; interrogez-vous sur l'utilité du document et sur la fréquence à laquelle vous aurez à le consulter. Faites une lecture en diagonale avant de vous précipiter à la photocopieuse ou à l'imprimante. Vous y gagnerez en temps et en argent.

Les ouvrages généraux peuvent être aisément consultés ou empruntés. Si vous n'avez besoin que d'un court extrait, alors peut-être vaut-il mieux le photocopier ou le recopier.

Vous pouvez utiliser votre portable ou les ordinateurs disponibles à la bibliothèque pour recopier les courts extraits pertinents ou faire des résumés. N'oubliez pas d'indiquer la source et le contexte dans lequel s'inscrit l'extrait ou le résumé.

Assurez-vous de **photocopier la page de garde ou de noter la référence** immédiatement après avoir imprimé ou photocopié un document afin de pouvoir aisément identifier la source par la suite (référence note en bas de page et bibliographie).

Prenez soin de photocopier les pages entières afin de ne pas avoir à retourner à la bibliothèque. Vous éviterez ainsi bien des pertes de temps.

3 ANALYSE DE L'INFORMATION

Il avait l'esprit trop juste pour ne pas voir l'inutilité,
le ridicule ou même le danger des demi-connaissances.
CONDORCET, *Maurepas*

En fait de savoir, il n'est rien
Dont ne viennent à bout le travail et l'étude.
A. NAUDET, *Fables. Les deux mains*

C'est une très méchante manière de raisonner
que de rejeter ce qu'on ne peut comprendre.
CHATEAUBRIAND, *Le Génie du Christianisme.*
1ère partie. Livre I. Chapitre III

La lecture apprend aussi, ce me semble, à écrire.
Mme DE SÉVIGNÉ, *Lettre à Mme de Grignan*, 30 septembre 1671

Ma foi, le jugement sert bien dans la lecture.
N. BOILEAU, *Satire III. 116. Vers 200*

Une fois la recherche complétée (ou à peu près), voici venu le temps d'attaquer votre pile de documents et d'analyser les informations amassées. Vous devrez LIRE, COMPRENDRE, RÉSUMER, EXAMINER D'UN ŒIL CRITIQUE l'ensemble de ces données et RÉFLÉCHIR. Voici quelques conseils pour y parvenir.

- Examinez la structure (le plan) du texte avant de commencer la lecture. Vous favoriserez ainsi votre compréhension.

- Faites une lecture active et « critique » !

- Prenez note des idées et des questions qui surgissent au fil de vos lectures. Réfléchissez à votre plan.

- « Travaillez », annotez les textes, faites vos commentaires dans la marge. Vous pourrez ainsi repérer rapidement l'information qui vous sera nécessaire plus tard.

- Faites des résumés. Vous éviterez ainsi d'avoir à relire plusieurs fois.

- Relevez les extraits de textes et les citations pertinentes pour plus tard. N'oubliez pas d'indiquer dans quel contexte ils s'inscrivent.

- Soyez attentifs aux informations qui vous seront utiles pour la rédaction de votre travail. Ayez en tête les grandes orientations que vous souhaitez lui donner.

- Tous les écrits n'ont pas la même valeur, la même force crédibilité. Tout ce qui est écrit n'est pas forcément vrai. Faites les vérifications qui s'imposent.

- Lisez plus rapidement les passages qui ne vous sont d'aucune utilité, qui sont redondants ou que vous comprenez bien.

- Si vous réalisez qu'une lecture n'a aucun intérêt pour votre travail, ne persistez pas jusqu'à la fin, à moins que le sujet ne vous passionne et que ayez beaucoup de temps devant vous.

- Il peut être utile d'établir des priorités de lecture dans l'éventualité où le temps viendrait à manquer[1]. Certaines décisions, certains textes de doctrine sont plus importants ou plus pertinents que d'autres.

- Selon l'ampleur du travail, il peut être utile de FAIRE DES FICHES. Vous pouvez utiliser des fiches cartonnées ou informatiques. Il existe des logiciels spécialisés (ex. EndNote, FileMaker, etc.) qui permettent de monter de véritables banques de données. Ces fiches comportent généralement une référence bibliographique complète, une indexation (mots-clefs), un résumé ainsi que des notes personnelles. Elles permettent de trier et repérer rapidement l'information.

- Lorsque vous résumez ou notez des passages pertinents, assurez-vous de bien identifier l'auteur des propos ; il serait fâcheux de plagier par inadvertance !

- Les différentes lectures combinées à une réflexion sur le sujet de recherche entraîneront peut-être la nécessité de faire des RECHERCHES COMPLÉMENTAIRES afin de combler certaines lacunes au niveau du contenu.

- Après avoir lu, compris et fait le tri dans la documentation amassée, vous devriez en principe avoir suffisamment de distance pour prendre position sur le sujet. À ce propos, Crépeau et Roy

---

[1]   Denis LE MAY, *La recherche documentaire juridique au Québec*, Montréal, Éditions Wilson & Lafleur/SOREJ, 1984, p. 73.

ont écrit : « C'est ici qu'intervient, au sens propre du terme, le discours de l'esprit : l'argumentation. L'étudiant s'applique à évaluer juridiquement les diverses solutions qui lui proposent la doctrine, la législation et la jurisprudence. »[2]

- Bref, il faudra faire la part des choses, réfléchir, examiner de façon critique l'ensemble des données en main afin de déterminer la ligne directrice de votre dissertation.

- Une chose est sûre, pour être en mesure de concevoir un plan et de faire une synthèse et une analyse rigoureuses, il faut d'abord comprendre et maîtriser la matière, bref, la faire sienne.

[2] Paul A. CRÉPEAU et Jean ROY, *La dissertation juridique*, Faculté de droit, Université de Montréal, 1963, p. 10.

4 CONSTRUCTION DE LA CHARPENTE : LE PLAN[1]

> *Trouver n'est rien, c'est le plan qui est difficile.*
> Fiodor DOSTOÏEVSKI, *Les Démons.*

> *Savoir bien rapprocher les choses, voilà l'esprit juste.*
> *Le don de rapprocher beaucoup de choses et de grandes*
> *choses fait les esprits vastes.*
> *Ainsi la justesse paraît être le premier degré,*
> *et une condition très nécessaire de la vraie étendue de l'esprit.*
> VAUVENARGUES, *Réflexions et Maximes*, 215.

> *Raisonner est se servir de deux jugements pour en faire*
> *un troisième, comme lorsqu'ayant jugé que toute vertu est louable,*
> *et que la patience est une vertu, j'en conclus que la patience est louable.*
> DUCLOS, *Œuvres. Tome IX. P. 53.*

4.1 De l'utilité et de la difficulté du plan

La construction du plan est une étape cruciale et déterminante dans la rédaction d'un travail d'une certaine ampleur.

Cette étape est difficile pour plusieurs étudiants parce qu'elle nécessite une bonne compréhension du sujet, la capacité de regrouper et d'organiser les idées selon des catégories et sous-catégories logiques, une bonne vue d'ensemble et de bonnes habiletés d'analyse et de synthèse.

---

[1] Sources consultées pour la rédaction de cette section : Gisèle LAPRISE, *Les outils du raisonnement et de la rédaction juridique*, Montréal, Éditions Thémis, 2000, chapitre 3 ; Gilles GOUBEAUX et Philippe BIHR, *Les épreuves écrites de droit civil*, 8ᵉ éd., L.G.D.J., Paris, 1996 ; Henri MAZEAUD et Denis MAZEAUD, *Méthodes générales de travail : DEUG Droit*, Paris, Montchrestien, 1996 ; chapitre IV ; Denis LE MAY, *Méthodologie du travail juridique*, Montréal, Wilson & Lafleur, 1990, chapitre 2 ; Simone DREYFUS, *La thèse et le mémoire de doctorat*, 2ᵉ éd., Paris, Éditions Cujas, 1983, p. 106-115 et 146-172 ; Henri MAZEAUD, *Nouveau guide des exercices pratiques pour les licences en droit et en sciences économiques*, Paris, Éditions Montchrestien, 1966, p. 85-95.

Henri Mazeaud, éminent juriste français[2], professeur de droit civil, membre actif de la Résistance, a écrit à propos du plan :

« Le plan est, on y a déjà insisté, la condition de la clarté, vertu cardinale du juriste et de l'économiste. Développer un sujet sans avoir fixé un plan et un plan rigoureux, logique et détaillé, c'est marcher les yeux fermés, patauger, revenir sur ses pas, en un mot demeurer dans l'obscurité et la confusion.

Or cette construction nécessaire est une œuvre difficile. Difficile, justement parce qu'elle est travail de création, donc travail original. Jusque-là, vous n'avez guère fait qu'emprunter à la pensée des autres. Cette pensée, elle est là dans votre dossier, désarticulée en menus morceaux. À vous de ressouder ces fragments. Après l'analyse, la synthèse.

Ne soyez donc pas surpris si l'on vous juge sur votre plan. Il révèle la part créatrice de votre intelligence. Et tâchez d'apprendre à bâtir, puisque c'est ce talent de constructeur qui vous permettra de vous imposer dans la vie juridique ou économique.

Dans tous les exercices qui vous sont proposés, un plan vous est nécessaire. Vous avez à rédiger une composition écrite : il vous faut un plan ; vous avez à répondre à une question orale : il vous faut un plan ; vous avez à présenter un exposé oral : il vous faut un plan ; vous avez à défendre une thèse dans une discussion : il vous faut un plan ; vous avez à rédiger des conclusions, un arrêt ou une consultation, à donner le commentaire d'une décision de jurisprudence : encore et toujours, il vous faut un plan. Et même si votre exercice consiste seulement en des recherches, tâchez de construire rapidement le sujet sur lequel vous avez effectué ces recherches. »[3]

Quel que soit le type d'écrit juridique que vous aurez à réaliser, le plan constitue un passage obligé, car l'organisation logique et cohérente des idées est primordiale en droit. Le plan constitue l'ossature, la structure essentielle à cette organisation logique et cohérente des idées.

---

2 Il est l'auteur, avec son frère jumeau Léon, du *Traité théorique et pratique de la responsabilité civile* et, avec ses frères Léon et Jean, des *Leçons de droit civil.*

3 H. MAZEAUD, préc., note 1, n° 67, p. 83.

Le Petit Robert définit le plan de la façon suivante : « 2. (1969) *Plan d'une œuvre, d'un ouvrage* : disposition, organisation de ses parties, considérée après coup (abrégé, résumé) ou élaborée avant la composition. ⇒ **cadre, charpente, canevas, ébauche**. »

Plus un travail a de l'ampleur, plus il est nécessaire, voire essentiel, d'en définir le plan au préalable.

N'oubliez pas que l'élaboration du plan est un processus évolutif ; vous pourrez le modifier et l'améliorer en cours de route :

> « Mais, assurément, le plan ne se bâtit pas en une fois et a priori. Nécessaire dès le début de votre travail, il ne pourra toutefois être considéré comme définitivement achevé que lorsque l'ouvrage lui-même le sera. Jusque-là, il passera par de nombreuses étapes, il évoluera et se modifiera au fur et à mesure que se multipliera la documentation, que s'affineront votre connaissance et votre compréhension du sujet. Rappelons à ce propos la phrase de Benjamin Constant, qui n'est contradictoire qu'en apparence : "On ne peut travailler à un ouvrage qu'après en avoir fait le plan, et un plan ne peut être bien fait qu'après que toutes les parties de l'ouvrage sont achevées." »[4]

Tel que mentionné précédemment, l'étape de l'analyse de la documentation et celle de l'élaboration du plan se font souvent en parallèle, au fil des éclaircissements et de la réflexion.

Le plan constitue la structure visible du développement de votre texte ; ses divisions sont identifiées par un intitulé. Une division peut comporter plusieurs paragraphes.

4.2 Types de plan

Il existe deux grandes familles de plan ou, si vous préférez, deux méthodes d'organisation des idées : le plan cartésien et le plan analytique.

---

[4] S. Dreyfus, préc., note 1, p. 107.

4.2.1 Plan cartésien

Le plan cartésien est particulièrement utilisé dans les pays de droit civil. Il est notamment utilisé par le législateur dans le Code civil. Les idées sont regroupées en livres, titres, chapitres, sections et paragraphes.

Le **PLAN CARTÉSIEN CLASSIQUE**[5], qu'on appelle également le plan français, comporte 2 idées principales et 2 idées secondaires[6]. Les idées sont donc organisées selon une logique binaire.

> STRUCTURE D'UN PLAN CARTÉSIEN CLASSIQUE
>
> Introduction
>
> 1. Idée principale
>   1.1 Idée secondaire
>   1.2 Idée secondaire
> 2. Idée principale
>   2.1 Idée secondaire
>   2.2 Idée secondaire
>
> Conclusion

Les divisions du développement doivent se retrouver dans le corps du texte. À noter qu'il ne faut pas indiquer « Idée principale » dans le texte, mais uniquement l'intitulé de votre idée principale, et ainsi de suite.

---

5   Le plan cartésien classique, en 2 parties et 2 sous-parties, est inspiré, comme son nom l'indique, du *Discours de la méthode* de Descartes. En effet, le philosophe cherchait à relever dans chaque chose la part de vrai et la part de faux.

6   Le plan en 2 parties est aussi appelé « plan descriptif » par D. LE MAY, préc., note 1, p. 28-29.

EXEMPLE DE PLAN CARTÉSIEN CLASSIQUE

France ALLARD, « La Charte des droits et libertés de la personne et le Code civil du Québec : deux textes fondamentaux du droit civil québécois dans une relation d'"harmonie ambiguë"», (2006) *Revue du Barreau / Numéro thématique hors série 33.*

Introduction

A. La primauté de la Charte québécoise comme loi fondamentale des droits et libertés de la personne

   1. La Charte québécoise : expression première des droits et libertés de la personne

   2. La Charte québécoise : une loi fondamentale unique

B. La coexistence de la Charte québécoise et du Code civil dans l'expression du droit commun

   1. L'apport de la Charte québécoise au droit commun

   2. Le manque de cohérence la jurisprudence sur la relation entre la Charte québécoise et le Code

Conclusion

Il arrive cependant que le sujet ne se prête pas à une organisation des idées en divisions binaires. La logique et la cohérence comptent davantage que la symétrie pure et simple.

Le développement pourra alors être divisé en 2 ou 3 idées principales comportant chacune 2, 3, voire 4 idées secondaires et, le cas échéant, 2, 3 ou plusieurs idées tertiaires, et ainsi de suite[7].

---

[7]   Le plan en 3 parties est appelé « plan dialectique » par D. LE MAY, *id.*

Nous parlerons alors d'un **PLAN CARTÉSIEN COMPLEXE**. En général, 3 idées principales, ou si vous préférez 3 grandes divisions, seront suffisantes pour traiter le sujet[8].

EXEMPLES DE PLANS CARTÉSIENS COMPLEXES

Exemple n° 1

Robert P. KOURI et Suzanne PHILIPS-NOOTENS, « Le majeur inapte et le refus catégorique de soins de santé : un concept pour le moins ambigu », (2003) 63 *Revue du Barreau* 3.

Introduction[9]

1. L'inaptitude et les décisions relatives aux soins de santé
   1.1 L'inaptitude en général
   1.2 L'inaptitude particulière à consentir aux soins de santé

2. Le refus catégorique du majeur inapte
   2.1 La perspective du législateur québécois
   2.2 L'expression du refus catégorique : peut-on encore parler d'inaptitude ?

3. Le caractère inadéquat de l'article 16 C.c.Q.
   3.1 Une perspective limitée au refus
   3.2 Des objectifs et des modalités à revoir

Conclusion

---

[8] Sans exclure totalement la possibilité d'un plan comportant 4 idées principales, la plupart des auteurs suggèrent de diviser le plan en 2 ou, en cas de besoin, 3 idées principales : G. LAPRISE, préc., note 1, p. 82 ; G. GOUBEAUX et P. BIHR, préc., note 1, p. 43 ; H. MAZEAUD et D. MAZEAUD, préc., note 1, p. 97 ; D. LE MAY, préc., note 1, p. 28-29.

[9] À noter que la désignation originale des intitulés était constituée de lettres et de chiffres. Nous l'avons changée pour une numérotation décimale.

Exemple n° 2

Pierre BOSSET, « Être nulle part et partout à la fois : réflexion sur la place des droits culturels dans la Charte des droits et libertés de la personne », (2006) *Revue du Barreau / Numéro thématique hors série* 81.

Introduction

1. Liberté accès et participation : la triple exigence des droits culturels

   1.1 L'exigence de liberté

   1.2 L'exigence d'accès et de participation

   1.3 L'exigence identitaire

2. La place des droits culturels dans la Charte québécoise : quelques constats

   2.1 Une présence discrète : la liberté culturelle

   2.2 Un accès et une participation encadrés par le droit à l'égalité

   2.3 Une dimension identitaire limitée

Conclusion

Exemple n° 3

Jean TURGEON, « Le Code civil du Québec, les personnes morales, l'article 317 C.c.Q. et la levée de l'immunité des administrateurs, des dirigeants et des actionnaires », (2005) 65 *Revue du Barreau* 115.

Introduction

1. Le *Code civil du Québec* et le droit des personnes morales

2. De certaines considérations préliminaires sur l'existence des recours

   2.1 Les pouvoirs des tribunaux sur les personnes morales

   2.2 Le mécanisme de répression de l'oppression et le droit civil

4.2.2 Plan analytique

Dans un plan analytique, les idées sont présentées les unes à la suite des autres ; s'il y a 4 idées, il y aura 4 parties, s'il y a 9 idées, il y aura 9 parties, et ainsi de suite.

Les idées du développement n'ont pas à être regroupées sous des idées principales. Le raisonnement y est présenté de façon linéaire. Cette méthode d'organisation des idées est issue de la common law.

Ce type de plan convient davantage à certains sujets, à des textes relativement courts, destinés à une publication dans un périodique par exemple. Pour les travaux d'envergure, le plan cartésien, qui comporte un degré d'organisation supérieur, est plus approprié.

EXEMPLES DE PLAN ANALYTIQUE

Exemple n° 1

Guy LEFEBVRE, «Droit maritime – L'uniformisation du droit maritime canadien aux dépens du droit civil québécois: lorsque l'infidélité se propage de la Cour suprême à la Cour d'appel du Québec», (1997) 31 *R.J.T.* 577.

I.   Les décisions de la Cour suprême du Canada au sujet de la *common law* fédérale
II. Le sort réservé au droit civil par la Cour d'appel du Québec
III. Le droit civil comme source du droit maritime canadien

Exemple n° 2

Charles TAYLOR, «Can Canada Survive the Charter», (1992) 30 *Alta L. Rev.* 427.

I.   Introduction
II. Why Canada?
III. Why Quebec?
IV. Why now?
V.   Rights and Nations
VI. Levels of Diversity

4.3 Conseils pour l'élaboration d'un plan

L'élaboration d'un plan suppose un effort de réflexion préalable et une bonne COMPRÉHENSION des tenants et aboutissants du sujet. Il ne constitue pas une juxtaposition d'idées éparses avec lesquelles vous ferez un collage final. Le plan est une CONSTRUCTION réfléchie. Assurez-vous d'avoir une bonne vue d'ensemble du sujet avant d'attaquer le plan.

Fixez un objectif, une LIGNE DIRECTRICE À VOTRE TRAVAIL ; essayez d'identifier votre point de départ et votre point d'arrivée.

Il peut être utile de commencer par un REMUE-MÉNINGES. Jetez toutes vos idées sur papier ; vous pourrez y mettre de l'ordre par la suite.

Éventuellement, vous devrez IDENTIFIER LES GRANDES DIVISIONS, LES IDÉES PRINCIPALES de votre travail. Le cas échéant, vous pourrez ensuite regrouper toutes vos idées secondaires et tertiaires sous ces idées principales.

Pour un plan cartésien, essayez de classer les idées en CATÉGORIES ET SOUS-CATÉGORIES LOGIQUES (idées principales, idées secondaires, idées tertiaires). Regroupez les idées entre elles.

Les CATÉGORIES JURIDIQUES connues peuvent vous guider dans le choix des grandes divisions de votre travail. Les catégories juridiques sont des qualifications qui emportent des conséquences juridiques. Elles se rattachent aux différents droits et obligations, pouvoirs et devoirs, aux contrats, aux régimes ou institutions juridiques, aux personnes, aux sanctions, aux catégories de recours disponibles, etc.

EXEMPLES DE CATÉGORIES JURIDIQUES

droits personnels – droits réels
salarié syndiqué – salarié non syndiqué
consommateur – commerçant
prescription acquisitive – prescription extinctive
copropriété divise – copropriété indivise
cession – sous-location

Interrogez-vous sur la nature, les caractéristiques, les conditions d'application, les effets d'un droit, d'une obligation, d'un contrat, etc.

Vos divisions doivent suivre un ORDRE LOGIQUE (ex. expliquer les principes de la vente avant d'aborder certains problèmes pratiques).

PANNE D'INSPIRATION ? Si vous n'arrivez pas à identifier les grandes lignes de votre plan, vous pouvez vous inspirer de plans déjà existants[10] ou vous rabattre sur un plan classique, un plan « passe-partout »[11]. Qu'est-ce qu'on entend par plan passe-partout ? Par exemple, si on traite d'une institution juridique, on traitera de sa nature, de son domaine d'application, de ses conditions d'application et, finalement, de ses effets.

Parfois, mieux vaut vous contenter d'un plan simple et le rafraîchir en choisissant des intitulés accrocheurs que de vous lancer dans une construction malhabile[12]. Conservez cependant à l'esprit votre ligne directrice ou l'angle d'analyse propre à votre travail.

N'entrez pas trop dans le détail. Veillez, d'une part, à NE PAS SUBDIVISER À L'EXCÈS votre travail et, d'autre part, à NE PAS CHOISIR DES SUBDIVISIONS DONT LA PORTÉE EST TELLEMENT RESTREINTE qu'une fois l'intitulé choisi, vous n'avez plus grand-chose à ajouter. Vous éviterez ainsi de nuire à la progression de votre développement.

En définitive, demandez-vous si tous les points ou toutes les idées que vous souhaitez aborder s'insèrent bien dans le plan, sinon cherchez encore. Ne regroupez pas des idées qui ne vont pas ensemble.

Recherchez L'ÉQUILIBRE, mais n'en perdez pas le sommeil. Les différentes parties d'un plan doivent être relativement équilibrées en termes de proportion, mais cette exigence doit parfois céder le pas à la COHÉRENCE ET À LA LOGIQUE.

IMPORTANT : Dans un plan cartésien, ÉVITEZ UNE DIVISION QUI NE COMPORTE QU'UNE SEULE SUBDIVISION. Pourquoi faire une subdivision s'il y en a qu'une seule ? Pourquoi ne pas adapter le titre de la division en conséquence si vous n'abordez qu'un seul sujet ou, alors, peut-être y a-t-il lieu d'en faire deux ? Bref, quel que soit le système de division utilisé, il est impératif de retrouver au moins deux fois le même niveau de division.

Plusieurs **approches** peuvent être envisagées pour l'élaboration du plan : une approche explicative/descriptive, une approche comparative, une

---

[10]   Le May parle d'un plan dérivé, soit un plan adapté ou inspiré d'un plan déjà disponible : D. LE MAY, préc., note 15, p. 28 et 31. Le danger de cette stratégie : avoir de la difficulté à s'éloigner des propos de l'auteur dont le plan nous a servi d'inspiration.

[11]   H. MAZEAUD, préc., note 15, par. 75.

[12]   Les auteurs Mazeaud formulent une idée similaire : H. MAZEAUD et D. MAZEAUD, préc., note 15, p. 99.

approche dialectique (thèse, antithèse, synthèse), une approche analytique/critique, etc.

En général, certaines approches pourront être combinées selon les objectifs du travail et la nature du sujet. Vous pourriez adopter dans une 1re partie une approche essentiellement descriptive/explicative en exposant l'état du droit pour ensuite, dans une 2e partie, opter pour une approche plus analytique/critique en soulevant les difficultés posées par l'état du droit.

Lorsque vous adoptez une approche comparative, essayez de concevoir le plan de façon à éviter les répétitions, les redites. EX. Il serait redondant d'examiner dans une 1re partie les « Droits garantis par la Charte québécoise » et, dans une 2e partie, les « Droits garantis par la Charte canadienne » puisque les droits qui y sont contenus se recoupent.

En effet, si vous voulez comparer différentes institutions juridiques (ex. le divorce et la séparation de corps ; les différents types de sociétés contractuelles), identifiez les idées générales qui peuvent servir de points de recoupement (ex. les causes et effets du divorce et de la séparation de corps ; la formation, les éléments constitutifs, la gestion de la société, les pouvoirs et responsabilités et les droits et obligations des associés, la durée et la fin de la société, etc.). Cherchez à abstraire des deux éléments de comparaison les catégories juridiques ou les idées générales communes de façon à éviter les répétitions[13].

L'exercice de comparaison sera beaucoup plus fructueux si vous avez fait l'effort d'analyse qui vous permet de mettre côte à côte les ressemblances et les différences, les avantages et les inconvénients des deux éléments de comparaison. Examinez dans une 1re partie une institution juridique X puis dans une

---

[13] Henri Mazeaud écrivait d'ailleurs à ce sujet : « Lorsque vous avez à comparer deux institutions, ne consacrez pas la première partie à l'une et la seconde à l'autre, pour vous contenter dans la conclusion de relever les ressemblances et les différences. Tout votre travail doit être, dès le début, consacré à comparer. » H. MAZEAUD, préc., note 1, no 75.

2ᵉ partie une institution Y sans faire les rapprochements entre les deux a peu d'utilité puisque le lecteur devra faire lui-même tout le travail.

Si vous choisissez une approche historique, cherchez à qualifier les changements qui ont été apportés au fil du temps plutôt que de vous contenter d'une simple narration chronologique.

Si vous optez pour une approche dialectique où vous examinez le pour et le contre de deux options, évitez un traitement linéaire (thèse, antithèse, synthèse). Examinez plutôt les différents éléments d'une thèse en soulevant au besoin les objections de la thèse adverse (ex. adoption de la thèse favorable au châtiment corporel des enfants, examen la validité constitutionnelle de l'article 43 du *Code criminel*[14], mention des objections de la thèse adverse), puis exercez votre jugement tirez les raisonnements qui à votre avis s'imposent à la lumière de votre analyse (synthèse).

4.4 Règles matérielles du plan

4.4.1 Caractéristiques des divisions et des intitulés

Le choix de l'intitulé d'une division est de la toute première importance puisqu'il annonce et définit le contenu de la division.

L'intitulé d'une division se doit d'être DESCRIPTIF et SUFFISAMMENT ENGLO-BANT pour couvrir toutes les subdivisions qu'elle contient.

Évitez les intitulés qui constituent une simple juxtaposition des deux idées qui composent ensuite la division (ex. « Des formes d'administration » et non « De la simple et de la pleine administration »). Pensez à un intitulé plus général.

Évitez de tomber dans le piège de l'imprécision ; un intitulé trop vague vous éloigne de votre sujet (ex. « Autres dispositions et effets de la jurisprudence »), ne vous permet pas de préciser votre orientation et laisse le lecteur dans le

---

[14] Voir *Canadian Foundation for Children, Youth and the Law* c. *Canada (Procureur général)*, [2004] 1 R.C.S. 76. La juge en chef McLachlin et les juges Gonthier, Iacobucci, Major, Bastarache et LeBel refusent de déclarer inconstitutionnel l'article 43. Le juge Binnie est dissident en partie ; les juges Arbour et Deschamps sont dissidentes.

flou. Dans le même ordre d'idées, évitez les intitulés génériques (ex. « La doctrine », « La jurisprudence », etc.).

Le contenu, la substance d'une division doit correspondre à son intitulé. Par exemple, s'il est question du droit à l'égalité, écrivez « Violation du droit à l'égalité garanti par la Charte canadienne » et non « Violation d'un droit garanti par la Charte canadienne » ; s'il est question d'une obligation particulière du locateur dans un contrat de louage, écrivez « L'obligation du locateur de procurer la jouissance paisible des lieux » et non « Les obligations du locateur ».

Dans la mesure du possible, ÉVITEZ LES PHRASES COMPLÈTES AVEC SUJET, VERBE, COMPLÉMENT ou les intitulés trop précis qui risquent de vous poser problème lorsque vous tenterez de définir vos subdivisions (ex. « La liberté d'expression ne prime pas : le droit à l'image constitue le veto en droit québécois »).

Bref, les intitulés doivent être SIMPLES, CLAIRS, NI TROP COURTS NI TROP LONGS. Portez une attention particulière à la formulation de vos intitulés (ex. « Recours du locataire en cas d'inexécution » et non « Recours du locataire si l'obligation du locateur de fournir la jouissance paisible des lieux loués est inexécutée »).

Il est important D'HARMONISER ET D'UNIFORMISER LA FORMULATION les intitulés de vos divisions, en particulier ceux d'une même division. Créez un parallélisme entre les intitulés d'un même niveau de division.

Si vous décidez de précéder l'intitulé d'un ARTICLE (le, la, les, du, etc.), veillez à en mettre partout.

UNIFORMISEZ LA PRÉSENTATION MATÉRIELLE des divisions (numérotation, soulignement, caractères gras, mettre les subdivisions en retrait de la subdivision principale, etc.). La présentation doit refléter l'ordre et l'importance des divisions.

4.4.2 Systèmes de division du plan

Le système de division par appellations est souvent utilisé pour le plan cartésien. Pour vous en convaincre, il suffit de consulter la table des matières de vos traités de droit.

SYSTÈME DE DIVISION PAR APPELLATIONS

PREMIÈRE PARTIE (Titre)

TITRE I – Intitulé
 Chapitre 1 – Intitulé
  Section I – Intitulé
   Sous-section 1. – Intitulé
    Paragraphe A. – Intitulé
     Sous-paragraphe 1. – Intitulé
      a) Intitulé
       i) Intitulé

Tous les textes ne requièrent pas autant de divisions. L'auteur choisit les divisions qui lui conviennent (ex. parties et sous-paragraphes ou chapitres et sections). Le choix dépend de l'ampleur du texte.

Veillez cependant à RESPECTER L'ORDRE ET LA HIÉRARCHIE DES APPELLATIONS. Vous ne pouvez pas diviser un paragraphe en sections par exemple.

Lorsque votre texte est relativement court, comme dans une dissertation par exemple, vous pouvez ne pas utiliser les appellations et vous contenter des chiffres et des lettres, en les utilisant dans l'ordre suivant.

CHIFFRES ET LETTRES SANS APPELLATIONS

Chiffres romains	I
Lettres majuscules	A
Chiffres arabes	1
Lettres minuscules	a)
Chiffres romains minuscules	i)

Finalement, il y a le système de numérotation décimale, lequel est particulièrement efficace lorsque les niveaux de division ne sont pas trop nombreux.

NUMÉROTATION DÉCIMALE

1. Intitulé
   1.1 Intitulé
   1.2 Intitulé

2. Intitulé
   2.1 Intitulé
   2.2 Intitulé

Au risque de nous répéter, quel que soit le système de division utilisé pour le plan cartésien, il est impératif de retrouver au moins deux fois le même niveau de division. Ainsi, dans le tableau précédent, il ne pourrait pas y avoir seulement une subdivision 2.1 sans subdivision 2.2.

Pour le plan analytique, il n'y a qu'un seul système de numérotation des divisions : les chiffres romains (I, II, III, IV, V, etc.).

EN CHIFFRES ROMAINS
(PLAN ANALYTIQUE)

I. Intitulé
II. Intitulé
III. Intitulé
IV. Intitulé
V. Intitulé

5 | PROCESSUS DE RÉDACTION

Dans la langue parlée et dans la langue écrite,
La clarté du discours est le premier mérite.
F. DE NEUFCHATEAU, *Prologue du livre VII.*

Voulez-vous du public mériter les amours ?
Sans cesse en écrivant variez vos discours.
N. BOILEAU, *Art poétique. Chant I. Vers 69-70.*

La véritable éloquence consiste à dire tout ce qu'il faut,
et à ne dire que ce qu'il faut.
LA ROCHEFOUCAULD, *Réflexions morales. CCLVIII.*

Aimez donc la raison : que toujours vos écrits
Empruntent d'elle seule et leur lustre et leur prix.
N. BOILEAU, *Art Poétique. Chant I. Vers 37-38.*

La parfaite raison fuit toute extrémité,
Et veut que l'on soit sage avec sobriété.
MOLIÈRE, *Le Misanthrope. Acte I. Scène I.*
Avant donc que d'écrire, apprenez à penser.
N. BOILEAU, *Art poétique. Chant I. Vers 150.*

D'abord, qu'est-ce vraiment que la rédaction ? On en trouve la définition suivante dans l'ouvrage de Cornu sur le vocabulaire juridique :

Rédaction[1]

Subst. fém. – Dér. du lat. *redactus*, part. pass. de *redigere* : pousser, ramener, réduire, soumettre, disposer.

L'action de rédiger et le résultat de cette action (la teneur du texte) ; exprime dans le sens actif non seulement l'action matérielle de mettre par écrit un texte, mais l'opération intellectuelle de composer ses énoncés ; élaboration, mise en forme. (...)

---

[1] Gérard CORNU (dir.) / Association Henri Capitant, *Vocabulaire juridique*, 8ᵉ éd., Paris, Quadrige/PUF, 2007, p. 777.

Pour rédiger, il faut d'abord comprendre, ensuite réunir, associer et organiser les idées, puis résumer, faire la synthèse, analyser et composer. Il ne s'agit pas d'une mince tâche ; rédiger exige le concours de plusieurs habiletés.

Généralement, le processus de rédaction se fera en 3 étapes : 1. rédaction d'une 1re version, d'un brouillon ; 2. relecture et correction du fond ; 3. relecture et correction de la forme.

5.1 Vingt fois sur le métier : la règle des 3 versions

> *Hâtez-vous lentement, et, sans perdre courage,*
> *Vingt fois sur le métier remettez votre ouvrage ;*
> *Polissez-le sans cesse et le repolissez ;*
> *Ajoutez quelquefois et souvent effacez.*
> N. BOILEAU, *Art poétique. Chant I. Vers 171 à 174.*

5.1.1 Rédaction (1re version)

Une fois l'ossature visible, le plan de votre développement relativement bien défini, mettez-vous à la rédiger sans plus tarder.

Pour cette 1re version, écrivez rapidement tout ce que vous savez, tout ce que vous avez en tête pour chaque division.

Faites la synthèse de vos lectures. Si vous êtes incapable dans un premier temps de résumer, commencez par indiquer dans chacune des subdivisions de votre plan explicite les points que vous souhaitez aborder. Vous pouvez y insérer également les extraits de texte que vous voulez soit résumer, soit citer. Vous aurez ainsi sous les yeux le matériel nécessaire à la rédaction ; vous n'aurez pas à chercher constamment dans vos documents pour retrouver vos idées et les passages pertinents.

Pour faire une bonne synthèse, un bon résumé, la compréhension du sujet et de vos différentes lectures est essentielle : « Ce que l'on conçoit bien s'énonce clairement et les mots pour le dire arrivent aisément. » Vous devez non seulement bien comprendre, mais avoir une vue d'ensemble du sujet que vous traitez.

Rédigez un paragraphe à la fois. Essayez de respecter la règle « une idée par paragraphe ».

Il est préférable d'être relativement avancé dans vos recherches et vos lectures avant de rédiger, mais si vous avez tout le matériel nécessaire à la rédaction d'une première partie, rien ne vous empêche de jeter tout de suite sur papier votre texte, au fur et à mesure de vos lectures.

Ne vous encombrez pas des détails de forme (ex. notes en bas de page, orthographe, style, etc.) ; concentrez-vous sur le fond, le contenu. À cette étape, vous n'avez pas à vous préoccuper de faire vos citations et notes en bas de page dans les formes requises, mais assurez-vous de laisser des indications qui vous permettront de repérer rapidement vos sources et de finaliser vos notes de bas de page. Bref, indiquez toujours de façon sommaire vos sources, quitte à compléter par la suite.

5.1.2 Relecture et correction (2e et 3e version)

Lorsque vous pensez avoir mis sur papier toute la substance, toutes les idées utiles à votre travail, relisez-vous et corrigez d'abord le fond. Vous réaliserez ainsi votre 2e version.

Veillez à ce que chaque phrase que vous formulez ait un sens. Demandez-vous quelle est votre intention de communication. Questionnez-vous sur le sens de chaque phrase que vous reformulez le cas échéant. Évitez de faire du remplissage ; le lecteur n'est pas dupe ! Le remplissage correspond à tous les éléments que vous ajoutez sans raison.

Coupez les redondances, les digressions, tous les passages qui, bien qu'ils soient intéressants, n'entretiennent pas un lien suffisant avec le sujet ou s'inscrivent mal dans le cadre de votre travail. En cas de doute, conservez ces passages en réserve dans un autre document. L'exercice n'est pas facile, mais vous y gagnerez en termes de cohérence et de pertinence.

Travaillez les liens et les transitions entre les idées, les paragraphes et les différentes parties de votre travail. Résumez, synthétisez davantage en cas de besoin. Développez les passages trop courts. Ajoutez des éléments manquants. Bref, comblez les lacunes.

Lorsque vous serez satisfait de la substance de votre dissertation, attaquez-vous à la forme (3e version). Débusquez les fautes d'orthographes, de grammaire, réformez une syntaxe déficiente, peaufinez le style. Il n'est pas mauvais de se faire relire par un collègue ou un ami. Parfois, on n'y voit plus très clair après un certain nombre de lectures. Vous pouvez également utiliser les logiciels de révision tels Antidote ; ils permettent d'identifier plus facilement les règles de grammaire.

5.2 Organisation des idées dans le texte : paragraphes, transitions, mots de liaison et autres astuces

L'organisation des idées dans le texte poursuit un double objectif : assurer la compréhension du lecteur et rendre sa lecture plaisante. Le plan explicite visible est essentiel à l'organisation du texte, mais il ne suffit pas. Les idées présentées à l'intérieur de chacune des subdivisions du plan doivent être amenées et organisées de façon logique et cohérente ; elles doivent progresser dans un ORDRE SIGNIFICATIF ET RATIONNEL pour le lecteur. Par exemple, vous examinerez toujours le principe avant les exceptions. Bref, le texte doit obéir à un plan, une trame implicite. Deux règles doivent être respectées pour obtenir un texte cohérent.

Règle n⁰ 1 → N'hésitez pas à faire des paragraphes. Essayez de respecter la règle « une idée par paragraphe ». Par idée, nous entendons une idée au sens général ; nous ne faisons pas référence aux divisions explicites du plan. L'ensemble des phrases formulées dans un paragraphe doit se rattacher à une idée centrale. Une idée peut comporter plusieurs sous-idées qui pourront être traitées à l'intérieur du même paragraphe ou, si elles exigent des développements particuliers, être scindées en deux ou plusieurs paragraphes (ex. 1er paragraphe : La mise en cause soutient que les faits sont incomplets. D'une part, ... 2e paragraphe : D'autre part, ...).

De grâce, évitez les paragraphes-fleuves qui sont de lecture difficile et qui, souvent, laissent entrevoir des lacunes dans la compréhension du sujet et l'organisation des idées.

EXEMPLE DE PARAGRAPHE-FLEUVE
(À ÉVITER)

Extrait de texte

Les diverses stratégies adoptées par les entreprises pour faire face à la concurrence ont largement contribué au phénomène de précarisation de l'emploi qui a pris de l'ampleur depuis la récession des années soixante-dix. On pense en particulier aux stratégies d'adaptation par le bas et aux stratégies d'adaptation par le haut qui sont combinées à des mesures incompatibles. Il est intéressant de noter que l'origine des termes « précariser » (1980) et « précarisation » (1981) est relativement récente[27], à l'image du phénomène. Selon les résultats préliminaires d'une enquête sur la dynamique du travail et du revenu[28], il y aurait beaucoup moins d'emplois typiques à temps plein fondés sur une relation permanente et stable avec un seul employeur. L'emploi atypique, défini comme un emploi à temps partiel, contractuel, à domicile ou indépendant, aurait progressé depuis les années 70 si bien que les emplois à temps plein ne constituaient plus que la moitié des emplois créés entre 1979 et 1993. Selon une étude menée par la *Direction des études analytiques*[29], les mises à pied permanentes n'ont pas été plus fréquentes au début des années quatre-vingt-dix qu'au cours de périodes comparables. On a cependant observé une augmentation des probabilités de mises à pied permanentes chez certains groupes particuliers qui étaient traditionnellement à l'abri des suppressions d'emplois[30] et une difficulté accrue à trouver un nouvel emploi au cours de la reprise économique. // Les auteurs constatent par ailleurs que de nombreuses transformations se sont produites sur le marché du travail et ont contribué au sentiment croissant d'instabilité de l'emploi chez les Canadiens. On note ainsi une augmentation du travail autonome dont les revenus sont potentiellement moins stables que le travail salarié. On fait également mention d'une augmentation du travail à forfait, du travail temporaire et à temps partiel, des emplois intermittents ou précaires et d'une diminution des besoins au niveau de l'embauche dans certains secteurs. Selon Kuttner, le marché du travail se comporte de plus en plus comme un « marché instantané » : « Today, however, downsizing, out-sourcing, leveraged buyouts, relocations, and contingent employment are becoming the norm. »[31] L'auteur de l'étude observe également que les emplois qui semblaient autrefois assurer une carrière stable, une paie décente, des bénéfices marginaux et un certain professionnalisme dans les relations de travail ressemblent de plus en plus aux emplois jugés secondaires[32]. // Le discours qui exige des salariés une flexibilité maximale se répand comme une traînée de poudre dans les entreprises. L'utilisation de la méthode du « moment adéquat » pour la gestion de la main-d'œuvre au Canada en est une application. Ce type de gestion ferait partie d'un mouvement de réorganisation des milieux de travail qui aurait pris son envol au début des années quatre-vingt et se serait accéléré dans les années quatre-vingt-dix. Un auteur a cherché à définir dans une étude[33] l'impact de certaines techniques de haut rendement sur la qualité de vie des travailleurs. Ces régimes exigent une main-d'œuvre très qualifiée, motivée et flexible et supposent un système de gestion des ressources humaines qui donnent la possibilité aux employés de mettre leur esprit d'initiative et leur créativité à l'œuvre : « Cette nouvelle approche a pour objet d'aider les organisations à devenir plus rationnelles, économiques, flexibles et réceptives aux changements des marchés et des technologies grâce à une meilleure utilisation des compétences et des connaissances des employés. »[34] Ces programmes se sont révélés efficaces du point de vue de la performance économique et financière des entreprises, mais ils ont soulevé des doutes sérieux quant à leurs effets sur le bien-être des travailleurs. Il semble que plusieurs entreprises aient tenté d'allier des pratiques de travail incompatibles. Par exemple, certaines entreprises ont cherché à intégrer des mesures de rationalisation et à augmenter les emplois précaires tout en exigeant une implication accrue des employés à tous les niveaux. Selon l'auteur de l'étude, sans avantages réciproques, ces régimes ne sont pas viables à long terme. Comme le souligne Mme Bich, lorsque les employeurs ont recours à diverses stratégies de précarisation de l'emploi, ils peuvent difficilement exiger en retour une loyauté et une implication sans faille de leurs employés[35]. D'où l'importance d'assurer un équilibre entre les impératifs de rentabilité, d'efficacité et de flexibilité des entreprises et l'aspect social et humain du contrat de travail. Elle soulève également la difficulté d'assurer la cohésion de l'entreprise et le maintien de la solidarité entre ses membres dans le cadre des nouvelles formes d'organisation à l'échelle internationale (entreprises-réseaux).

---

[27]   Le *Nouveau Petit Robert*, 1993.

[28]   ENQUÊTE SUR LA DYNAMIQUE DU TRAVAIL ET DU REVENU, STATISTIQUE CANADA. *Les pertes d'emploi involontaires au Canada : Résultats préliminaires de l'enquête sur la dynamique du travail et du revenu*, par Sue Wilson, Susan Silver et John Shields, Document de recherche n° 98-1, juillet 1998,

[29] DIRECTION DES ÉTUDES ANALYTIQUES, STATISTIQUE CANADA, *Les Canadiens sont-ils plus susceptibles de perdre leur emploi au cours des années 1990 ?*, par Garnett Picot et Zhengxi Lin, Document de recherche nº 96, août 1997.

[30] On constate dans le rapport que les travailleurs de 55 ans et plus, les travailleurs du secteur de la santé et de l'éducation ainsi que les employés de la fonction publique étaient davantage exposés aux risques de la suppression de postes qu'ils ne l'étaient auparavant.

[31] Robert KUTTNER, *Everything for Sale : The Virtues and Limits of Markets*, New York, Alfred A. Knopf, 1998, p. 73.

[32] L'auteur inclut les professions libérales et certains emplois bien rémunérés en usine dans ce groupe des emplois autrefois privilégiés.

[33] Pradeep KUMAR, *Remise en question des régimes de travail à haut rendement*, Texte présenté lors de la deuxième séance du Colloque nord-américain de l'année 2000 sur les revenus et la productivité en Amérique du Nord, en ligne sur le site Internet de l'ANACT : <http://www.naalc.org/french/sitemap.htm>.

[34] *Id.*, p.116.

[35] Marie-France BICH, « Petits éléments pour une réflexion polémique sur la solidarité en droit du travail », dans *Droits de la personne : Solidarité et bonne foi. Actes des Journées strasbourgeoises de l'Institut canadien d'études juridiques supérieures 2000*, Cowansville, Éditions Yvon Blais, 2000, p. 93, à la page 121. L'auteure met l'accent sur la dimension morale du contrat de travail et la solidarité qui doit exister entre l'employeur et ses employés, non seulement pour assurer le bon fonctionnement de l'entreprise, mais pour humaniser les relations de travail.

Commentaire

Ce paragraphe est beaucoup trop long ; certaines idées mériteraient d'être développées, l'organisation est un peu floue. Les barres obliques marquent les endroits où l'on aurait dû scinder le paragraphe.

Règle nº 2 → Assurez-vous de faire les transitions qui s'imposent, d'un paragraphe à l'autre et d'une division à l'autre.

Les mots de liaison (marqueurs de relation) peuvent vous être utiles à cet égard. EX. Effectivement, en effet, cependant, d'une part, d'autre part, au surplus, à la lumière de, enfin, finalement, etc. Voir *infra*, liste de mots de liaison, 6.3.

Utilisez-les avec discernement de façon que le lecteur puisse suivre le cheminement de votre pensée. EX. Évitez d'accumuler les mots de liaison de même nature au sein du même paragraphe : Cependant, ... Pourtant, ... Néanmoins, ... Mais... EX. S'il y a un « d'une part », il devrait logiquement y avoir un « d'autre part » quelque part....

Il faut établir des liens logiques (lien de causalité, lien chronologique, etc.), rationnels entre chaque paragraphe, mais il n'est pas toujours nécessaire de prendre le lecteur par la main (ex. Nous avons parlé de la faute et du préjudice. Nous traiterons maintenant du lien de causalité.).

EXEMPLE DE TRANSITION ENTRE DEUX PARAGRAPHES, ENTRE DEUX SUBDIVISIONS D'UN PLAN

Paul AMSELEK, « La teneur indécise du droit », (1992) 26 *R.J.T.* 1.

Plan de l'article

Introduction
I. La nature irrésolue de la réglementation juridique
    A. La non-objectivité des règles
    B. L'incomplétude des règles
II. Le chatoiement de la pratique juridique
    A. Le subtil équilibre du droit
    B. L'équilibre fluctuant du droit
Conclusion

Extrait de texte

[...]

Par toutes ces caractéristiques, le monde du droit apparaît comme un monde flexible, à l'image de celui qu'évoque la théorie de la relativité, avec la différence qu'à notre échelle la relativité du monde physique est peu perceptible alors que la relativité est, pour ainsi dire, le pain quotidien de l'expérience juridique.

B. L'incomplétude des règles

Mais la nature irrésolue de la réglementation juridique tient, non seulement à sa non-objectivité, mais aussi, en second lieu, à son incomplétude. Il est, en effet, impossible au législateur de tout régler, de tout prévoir, même implicitement : comme Shakespeare l'exprime par la bouche d'Hamlet, « il y a plus de choses sur la terre et dans le ciel que la sagesse humaine n'en peut rêver ». (Nous soulignons)

[...]

Commentaire

L'auteur conclut la première sous-section de son texte et poursuit en douceur avec la deuxième sous-section.

De façon générale, évitez de sauter du coq-à-l'âne. Traitez les différents éléments d'une question dans un ordre logique (ex. examiner le principe avant les exceptions). N'alignez pas plusieurs idées importantes dans un même paragraphe sans les développer.

5.3 Utilisation des sources : de leur importance et de la façon de les utiliser[2]

La dissertation juridique, ou tout écrit juridique, n'est pas une œuvre romanesque où la part créatrice occupe la plus grande place. Les écrits doivent s'appuyer sur les sources du droit : la législation, la jurisprudence et la doctrine. « Nous ne faisons que nous entregloser », disait Montaigne. D'ailleurs, même dans les romans, la part d'intertextualité est importante.

---

[2] Sources consultées pour la préparation de la présente section : Section « Intégrité, fraude et plagiat », site de l'Université de Montréal : <http://www.integrite.umontreal.ca/pratiques/sources.html>; Site des Bibliothèques de l'UQAM : <http://www.bibliotheques.uqam.ca/recherche/plagiat/index.html> ; Didier LLUELLES, *Guide des références pour la rédaction juridique*, 7e éd. avec la collab. de Josée RINGUETTE, Montréal, Éditions Thémis, 2008.

Bref, il est impératif de mentionner vos sources. Pourquoi ? Les raisons sont nombreuses[3]. Vous devez mentionner vos sources :

→ Par respect pour le travail des autres et pour les droits d'auteur ;

→ Pour donner de la crédibilité et du poids à votre travail en appuyant vos propos des sources pertinentes ;

→ Pour permettre au lecteur de consulter rapidement les sources que vous avez utilisées, que ce soit pour vérifier l'exactitude des propos, en apprendre davantage sur le sujet ou mettre en contexte les extraits cités ;

→ Pour permettre au lecteur de distinguer les idées qui émanent de vous de celles qui appartiennent à d'autres auteurs ; vous pourrez ainsi mettre en lumière l'originalité de vos propos ;

→ Éviter les accusations de plagiat et les conséquences fâcheuses qu'elles peuvent entraîner.

Les RÈGLES À SUIVRE impérativement quant à l'utilisation et la mention des sources sont les suivantes :

Règle nᵒ 1   Peut-être est-ce une vérité de La Palice, mais lorsque vous reprenez <u>textuellement</u> (copier/coller) les propos d'un auteur, vous devez toujours utiliser les guillemets et fournir la référence dans une note en bas de page.

Règle nᵒ 2   Vous devez également divulguer ses sources lorsque vous paraphrasez, c'est-à-dire lorsque vous reprenez, en les reformulant, les idées exprimées par un auteur.

Règle nᵒ 3   Doivent également être mentionnées les sources de données, statistiques, tableaux, photographies, images ou graphiques utilisés dans notre travail, quelle qu'en soit la source (à moins que vous en soyez l'auteur).

Lors de la rédaction, deux mécanismes sont couramment utilisés : LA CITATION ET LA PARAPHRASE.

---

3   Plusieurs des raisons énumérées sont tirées des sources précitées.

QU'EST-CE QUE CITER ET PARAPHRASER ?

- **Citer : 2.** Rapporter (un texte) à l'appui de ce que l'on avance ; rapporter un passage écrit de (qqn). **citation. Citation** 2. **Cour.** Passage cité d'un auteur, d'un personnage célèbre et donné comme tel (généralement pour illustrer ou appuyer ce que l'on avance). **exemple, extrait, passage, texte.**
- **Paraphraser :** « *Paraphraser un auteur,* dire la même chose que lui avec d'autres mots. »

– Le nouveau Petit Robert de la langue française 2009 (version électronique)

UTILISATION DE LA CITATION

Dans un travail, on doit généralement démontrer sa compréhension du sujet. Par conséquent, le travail ne doit pas être un montage de citations. Il faut doser le nombre de citations et les utiliser judicieusement.

Certains suggèrent que le nombre de citations ne devrait en général pas excéder 10 % du travail[4].

On utilise la citation, entre autres, lorsque l'on juge qu'il serait difficile d'exprimer une idée avec plus de clarté que ne l'a fait son auteur ou lorsque l'on trouve que la façon dont il a formulé son idée est particulièrement juste et à-propos.

Ainsi, la citation doit apporter quelque chose au travail ; elle doit soutenir, servir ou ajouter aux propos. Certaines citations sont inutiles.

---

[4]   Section « Intégrité, fraude et plagiat », site de l'Université de Montréal, en ligne : <http://www.integrite.umontreal.ca/pratiques/sources.html>.

EXEMPLE DE CITATION INUTILE

Extrait de texte

Aussi, selon un jugement, « le législateur a cependant conféré, par le biais de certaines lois particulières à vocation sociale, la possibilité aux tribunaux d'accorder en certains cas des dommages exemplaires : La *Loi sur la protection des arbres*. (...) »[3]

---

[3]   Pierre-Claude LAFOND, *Précis de droit des biens*, 2ᵉ éd., Montréal, Éditions Thémis, p. 903.

Commentaire

Pourquoi ne pas référer tout simplement à la disposition pertinente de *Loi sur la protection des arbres* ? Il est inutile de citer l'extrait du texte d'un auteur qui mentionne la loi pertinente.

De façon générale, évitez les citations trop longues ; les lecteurs ont tendance à ne pas les lire au complet. Si vous avez beaucoup de longues citations, peut-être est-ce le signe que vous devez faire davantage de synthèse.

Les références des extraits cités doivent être données dans les notes en bas de page.

Les CITATIONS COURTES (quelques mots, une expression, une portion de phrase) peuvent être insérées de façon appropriée dans une phrase.

EXEMPLE

Un auteur examine les différents régimes mis en place dans les législations européennes pour conférer certains droits aux couples homosexuels. Il en conclut que la multiplicité des dispositifs et des niveaux de reconnaissance n'est pas innocente et qu'elle s'inscrit plutôt dans « un système hiérarchique au sommet duquel rayonne le mariage »[30].

---

[30]   Daniel BORILLO, « Pluralisme conjugal ou hiérarchie des sexualités : la reconnaissance juridique des couples homosexuels dans l'Union européenne », (2001) 46 *R.D. McGill* 875, ¶ 53.

Les CITATIONS LONGUES doivent être introduites. PREMIÈREMENT, il ne faut jamais insérer une citation dans un paragraphe, mine de rien, sans l'introduire, sans l'annoncer.

EXEMPLE (À NE PAS FAIRE !)

Il arrive qu'une entreprise choisisse de s'installer à l'étranger dans le seul but de profiter des coûts dérisoires de la main-d'œuvre. « L'ouverture des frontières économiques permet aux entreprises de déplacer leurs activités à l'étranger pour ensuite exporter leurs produits vers les marchés des pays industrialisés où les barrières tarifaires et les obstacles non tarifaires (contingentements, par exemple) sont réduits. »[44] De plus, les frais de transport sont de moins en moins élevés.

[44] Jean-Pierre BIBEAU, *Introduction à l'économie internationale*, Paris, Montchrestien, 1997, p. 217.

DEUXIÈMEMENT, pour introduire une citation, il faut formuler une phrase avec un sujet, un verbe et un complément. Cette introduction peut annoncer le contenu de l'extrait cité. Si la citation a plus de 3 lignes, il faut la mettre en retrait des marges.

QUELQUES EXEMPLES

Exemple n° 1 (À ne pas faire !)

Selon Lafond :

« L'article 997 C.c.Q. constitue lui-même un titre valable et une reconnaissance suffisante du droit du propriétaire d'un fond enclavé. Aucun autre titre n'est requis. Le droit naît au moment où l'état d'enclave est constaté. »[2]

[2] Pierre-Claude LAFOND, *Précis de droit des biens*, 2ᵉ éd., Montréal, Éditions Thémis, 2007, n° 953, p. 380.

Exemple n° 2

La tolérance, conçue comme une stratégie politique, a d'ailleurs donné naissance au libéralisme moderne puisqu'il a permis à l'État d'apaiser les conflits religieux[31]. Sur cette question, Locke s'exprimait ainsi : « Ce n'est pas la diversité des opinions, qu'on ne saurait éviter, mais le refus de la tolérance qu'on pourrait accorder, qui a été la source de toutes les guerres et de tous les démêlés qu'il y a eu parmi les chrétiens, sur le fait de la religion. »[32]

---

[31]   Monique DEVEAUX, *Cultural Pluralism and Dilemmas of Justice*, Ithaca, Cornell University Press, 2000, p. 40.

[32]   John LOCKE, *Lettre sur la tolérance (1686)*, traduit par Jean Le Clerc, Paris, Flammarion, 1992, p. 212.

Exemple n° 3

Tout d'abord, nous sommes d'avis que certaines décisions concluent à tort à la présence d'une situation intrinsèquement dangereuse[3].

Par ailleurs, Baudouin et Deslauriers ont soulevé l'application plus ou moins judicieuse de la notion de piège dans les cas de chute sur la glace ou la neige :

« Il ne nous semble pas approprié, comme le font certaines décisions, d'appliquer la notion de piège aux situations fréquentes au Québec de chutes causées par la glace ou la neige. L'élément de prévisibilité raisonnable fait, en effet, échec à la dissimulation du danger. En outre, il n'est pas vraiment nécessaire dans de telles circonstances de faire appel à la notion de piège. Il suffit dans la plupart des cas de se demander si le responsable de l'entretien de la chaussée a commis une faute en laissant perdurer une situation potentiellement dangereuse. »[4]

[3.]   *Rompré* c. *Syndicat des copropriétaires du 469 boulevard Iberville, Repentigny*, [2004] J.Q. n° 13479 (QL/LN) (C.Q.) ; *Vivier* c. *Marquette*, [2005] J.Q. n° 6129 (QL/LN) (C.S.) ; *Turco* c. *Pâtisserie Yiangello*, [2005] J.Q. n° 19341 (QL/LN) (C.S.).

4. Jean-Louis BAUDOUIN et Patrice DESLAURIERS, *La responsabilité civile*, vol. 1 « Principes généraux », 7ᵉ éd., Cowansville, Éditions Yvon Blais, 2007, nᵒ 1-197 (EYB2007RES4).

Exemple nᵒ 4

Dans l'arrêt *Dallaire* c. *Commission des affaires sociales et Société de l'assurance automobile du Québec*, la Cour d'appel, sous la plume de la juge Thibault, a réitéré les principes qui devaient guider l'interprétation de la *Loi sur les accidents du travail et les maladies professionnelles* :

« Il faut rappeler que la LATMP est une loi d'ordre public dont le caractère hautement social et le but réparateur font l'objet d'un large consensus. Ces considérations ont amené les tribunaux à donner à cette loi une interprétation large et libérale de façon à ce que ses bénéficiaires reçoivent les avantages qu'elle prévoit, sans plus ni moins. »[5]

[...]

---

[5] *Dallaire* c. *Commission des affaires sociales et Société de l'assurance automobile du Québec*, [1999] R.J.Q. 2342 (C.A.).

SUGGESTIONS DE FORMULATIONS POUR INTRODUIRE LES EXTRAITS CITÉS D'UNE LOI, D'UN RÈGLEMENT OU D'UNE CLAUSE CONTRACTUELLE

Est ainsi libellé l'article 230 :
La disposition pertinente est ainsi rédigée :
L'article 18 prévoit que / porte que :
Nous reproduisons le texte de l'article 22 :
Le législateur a édicté la Loi, dont le texte suit :
L'article 322 est rédigé en ces termes :
La clause 5a) du contrat stipule que « ... »[5].

---

[5] Le terme « stipuler » est réservé aux contrats.

51

UTILISATION DE LA PARAPHRASE

De façon générale, dans un travail, vous devrez faire une synthèse toute personnelle de vos lectures.

Pour ce faire, vous utiliserez notamment la paraphrase, c'est-à-dire que vous reformulerez et que vous résumerez, dans vos propres mots, les propos d'un auteur, voire de plusieurs auteurs à la fois, d'un tribunal, d'un organisme, etc.

EXEMPLE (PARAPHRASES + CITATION)

La neutralité de l'action politique est en quelque sorte exprimée par Dworkin qui considère que l'État doit porter une attention égale et un respect égal aux individus[32]. Il estime que la neutralité est une conséquence de ce devoir de l'État. Ainsi, dans un texte sur la liberté et le moralisme, Dworkin affirme que les principes de démocratie libérale n'exigent pas que le consensus serve de référence lorsque des préjugés, des aversions personnelles ou des rationalisations fondent ce consensus parce que de telles considérations ne justifient pas une restriction aux droits et libertés. Il ajoute :

« Un législateur qui procède ainsi, qui refuse de prendre l'indignation, l'intolérance et le dégoût populaires pour la conviction morale de sa communauté, n'est pas coupable d'élitisme moral. Il n'oppose pas simplement son point de vue instruit à celui d'un vaste public qui le rejette. Il fait de son mieux pour faire respecter une part distincte, fondamentalement importante, de la morale de sa communauté, un accord autrement plus essentiel à l'existence de la société dans la forme que nous lui connaissons, que l'opinion à laquelle il est enjoint de se conformer par Lord Devlin. »[33]

L'auteur fait ainsi référence à l'argument de Lord Devlin dans le Rapport Wolfenden en Angleterre sur l'homosexualité et la prostitution, argument selon lequel les législateurs doivent suivre le consensus de la communauté dans son ensemble sur une position morale.

[32] Ronald DWORKIN, *A Matter of Principles*, Cambridge, Harvard University Press, 1985.

[33] R. DWORKIN, *Prendre les droits au sérieux*, Paris, Presses universitaires de France, 1995, p. 367-368.

Il est impératif de mentionner vos sources toutes les fois que vous rapportez des propos qui peuvent être rattachés spécifiquement à un auteur, un tribunal, un organisme, etc.

Pour paraphraser, il n'est pas suffisant de remplacer quelques mots par des synonymes, il faut **changer à la fois certains mots** ET la **syntaxe** de la phrase (sa construction).

Si vous reformulez DANS VOS PROPRES MOTS les propos d'un auteur, vous n'avez pas à utiliser les guillemets. Par contre, vous devez indiquer votre source dans une note en bas de page.

FAITS DE NOTORIÉTÉ PUBLIQUE

Vous n'avez pas à fournir de référence pour tous les faits qui sont de notoriété publique, les faits notoires.

Il s'agit bien sûr de faits qui relèvent du domaine des connaissances générales. Par exemple, les événements importants dans l'histoire et dans l'actualité, les grands courants historiques, certains faits sociaux ou scientifiques, etc.

En droit, il s'agit de faits qui ne sont peut-être pas de notoriété publique au sens général (grand public), mais qui sont généralement connus par les juristes comme le rapatriement de la Charte en 1982, l'adoption d'un nouveau Code civil, etc.

RÉFÉRENCES DIRECTES

Règle générale, dans les travaux, efforcez-vous de remonter à la source originelle, primaire ; n'utilisez une source secondaire que si la source primaire n'est absolument pas disponible.

Évitez de citer les propos d'un auteur trouvés dans le texte d'un autre auteur ; allez directement consulter le texte qui vous intéresse.

Ne citez jamais un auteur qui résume des règles clairement énoncées dans une loi ou un règlement. Résumez dans vos mots les règles applicables et citez les commentaires, critiques et explications de l'auteur le cas échéant.

Si vous traitez d'un jugement, ne renvoyez pas à un auteur qui le cite. EX. « Dans l'arrêt *Peter* c. *Beblow* de la Cour suprême du Canada, le juge Cory indique deux façons de quantifier la contribution d'une partie. »[6] Prenez la peine de comprendre et de résumer dans vos mots les passages pertinents du jugement.

FORME DES RENVOIS, NOTES ET EXTRAITS CITÉS

Pour la forme des références, vous pouvez vous référer à l'ouvrage suivant : Didier LLUELLES, *Guide des références pour la rédaction juridique*, 7e éd. avec la collab. de Josée RINGUETTE, Montréal, Éditions Thémis, 2008.

À noter : Le *Guide des références pour la rédaction juridique* mentionne un certain nombre de lois – et abréviations connues – fréquemment citées pour lesquelles il n'est pas nécessaire fournir de référence.

Utilisez les guillemets français pour l'ouverture et la fermeture. S'il y a une citation à l'intérieur du texte, vous pouvez utiliser les guillemets anglais.

Utilisez la même taille de police pour les extraits cités. Ne les mettez pas en italiques.

Les extraits cités de plus de 3 lignes doivent être mis en retrait des marges du corps du texte.

5.4 Introduction et conclusion : quelques conseils

L'INTRODUCTION comporte 3 divisions implicites : le sujet amené, le sujet posé, le sujet divisé[7]. L'introduction fonctionne sur le principe de l'entonnoir, du général au particulier.

L'introduction est très importante, d'une part, parce qu'elle vous aide à préciser ce dont vous allez traiter dans votre dissertation, d'autre part, parce qu'elle sert à capter l'attention du lecteur et à l'orienter dans sa lecture.

---

[6] Michel TÉTRAULT, « De choses et d'autres en droit de la famille – la revue annuelle de la jurisprudence 2006-2007 », S.F.C.B.Q., vol. 273, *Développements récents en droit familial*, Cowansville, Éditions Yvon Blais, 2007, p. 107, à la page 378.

[7] Goubeaux et Bihr écrivent que l'introduction a pour objectif de répondre aux questions : De quoi va-t-on parler et pourquoi ? Comment va-t-on en parler et pourquoi ? Elle a pour conséquent 2 pôles : le sujet et le plan. Gilles GOUBEAUX et Philippe BIHR, *Les épreuves écrites de droit civil*, 8e éd., Paris, L.G.D.J., 1996, p. 62.

N'hésitez pas à faire des paragraphes pour chacune des composantes du plan implicite ; vous pouvez aussi intégrer le sujet posé soit à la fin du sujet amené, soit au début du sujet divisé.

Le piège ou la difficulté principale dans l'introduction réside dans le sujet amené. Bien souvent, le lien entre le sujet amené et le sujet posé est trop ténu – il n'est pas nécessaire de remonter au péché originel – ou le sujet amené ne fait qu'énoncer des banalités ou des généralités.

De grâce, évitez les affirmations sans intérêt. Henri Mazeaud le soulignait d'ailleurs dans un ouvrage pédagogique destiné aux étudiants à la licence en droit :

> « Montrez ensuite l'intérêt de votre sujet. Ne dites pas qu'aucune question n'est plus capitale ou plus passionnante ; c'est banal, et cela ne fera même pas plaisir à celui qui a choisi le thème ! Mais montrez, afin que l'on s'attache à vos développements, pourquoi le sujet mérite d'être examiné. Efforcez-vous surtout de dégager l'intérêt pratique de la question, car c'est lui qu'il sera le plus facile d'exposer dès l'abord, et c'est lui qui fixera le mieux l'attention. Mais ne négligez pas, s'il y a lieu, de souligner l'Intérêt théorique du problème.
>
> Lorsque l'histoire du sujet mérite qu'on s'y attache – et elle le mérite presque toujours – placez-la dans l'introduction. Encore ne faut-il pas que son importance soit telle qu'elle commande le sujet tout entier, auquel cas sa place n'est plus dans l'introduction, mais dans le corps même du développement. [Note : On peut le faire également dans une partie préliminaire.]
>
> Vous pouvez aussi parfois donner dès l'introduction des indications sur le droit comparé. Elles auront cependant plus généralement leur place dans la conclusion. »

Bref, pour amener votre sujet, vous pouvez, comme le mentionne Mazeaud faire un bref historique, utiliser des éléments comparatifs. Vous pouvez mettre en perspective l'importance du sujet en évoquant le contexte plus large dans lequel il s'inscrit. Vous pouvez également recourir à des exemples ou des cas concrets afin d'illustrer la question dont vous allez traiter.

Le sujet amené peut également être puisé dans l'actualité ; il peut s'agir d'une décision récente, d'une affaire pendante devant les tribunaux, d'un projet de loi à l'étude, d'un événement controversé, etc.

Rappelez-vous cependant que le sujet amené n'a pas à être très long ; quelques phrases bien pensées, bien rédigées peuvent suffire amplement...

Vous devrez ensuite poser clairement votre sujet, l'expliquer et le définir au besoin, le délimiter et indiquer les motifs qui vous amènent à écarter certaines questions. Vous indiquerez également l'angle ou l'orientation de votre travail. Quel en est le but, l'objectif ? Vous annoncerez ensuite les grandes lignes de votre plan (sujet divisé).

À noter que vous pourriez souhaiter poser le sujet avant de souligner son intérêt pratique ou théorique, d'évoquer son historique, etc. Il vous est loisible de le faire. Dans tous les cas, démontrez l'intérêt du sujet ; ne faites pas que l'affirmer.

Dernier conseil : il peut être utile d'entamer le travail par la rédaction de l'introduction, c'est-à-dire après avoir fait votre plan, mais avant d'entamer la rédaction. Cet exercice vous permettra d'orienter et de circonscrire votre développement.

EXEMPLE D'INTRODUCTION

Jean TURGEON, « Le *Code civil du Québec*, les personnes morales, l'article 317 C.c.Q. et la levée de l'immunité des administrateurs, des dirigeants et des actionnaires », (2005) 65 *Revue du Barreau* 115.

Sujet amené	
À noter que le sujet amené n'a pas à être aussi long ; il s'agit d'un choix de l'auteur.	Pendant longtemps, le droit civil et le droit des sociétés par actions n'ont pas fait bon ménage : en fait, ils se sont ignorés comme un couple aux humeurs incompatibles. Cela peut s'expliquer, mais non se justifier, par les origines de ces deux droits, l'un étant de source française (le droit civil), l'autre étant de source anglaise (droit des sociétés par actions). Il en est résulté un développement distinct, tels deux univers parallèles, si bien que le droit des sociétés par actions a tout d'abord évolué dans un environnement peuplé de principes anglo-saxons ne tenant pas véritablement compte de la culture civiliste dans lequel il vivait. Même si, dès 1866, le

Code civil du Bas Canada contenait des dispositions relatives aux « corporations » et que celles-ci permettaient l'intégration et le développement du droit des sociétés par actions dans une approche civiliste, il reste que ce n'est que vers les années 1970 seulement que ce mouvement a véritablement débuté.

Pour sa part, le *Code civil du Québec*, beaucoup plus explicite à ce sujet que le *Code civil du Bas Canada*, contient tous les éléments requis pour intégrer totalement les sociétés par actions au système civiliste. Mais la partie est-elle réellement gagnée pour le droit civil ? Malheureusement, il faut répondre « pas encore ». Même si des gains substantiels ont été réalisés et que le droit des sociétés par actions s'interprète généralement en conformité avec les principes civilistes, des bastions traditionnels demeurent encore et ce, dans un secteur crucial, celui de la protection des actionnaires et des personnes contractant avec une société par actions.

Sujet posé

Ce texte vise à démontrer que l'application du *Code civil du Québec* par les tribunaux permet de constater que le droit civil a finalement rapatrié dans son giron le droit des sociétés par actions et que la répression judiciaire des fautes commises par l'entremise de personnes morales est de plus en plus efficace malgré quelques égarements.

//Sujet divisé

//Pour ce faire, nous examinerons tout d'abord les nécessaires rattachements entre le droit civil et celui des sociétés par actions. Puis nous verrons que l'absence d'une disposition spécifique de répression des abus sociaux dans la *Loi sur les compagnies*[3], comme celle de l'article 241 de la *Loi cana-dienne sur les sociétés par actions*[4], ne signifie pas que les règles générales du droit civil québécois ne peuvent suppléer efficacement à l'absence d'une disposition semblable. Antérieurement, nous aurons vu que l'article 317 C.c.Q., contrairement à une opinion bien établie, ne constitue pas une simple importation codifiée du « voile corporatif » de la common law, mais bien une solution originale du *Code civil du Québec* au problème de l'utilisation frauduleuse ou abusive de personnes morales. En effet, même si, en apparence, il y a « levée du voile corporatif », on constatera en réalité que ce principe de common law a été transformé par le droit civil pour rejeter la défense d'exonération de responsabilité d'utilisateurs de personnes morales à des fins frauduleuses ou abusives : ce principe est devenu une simple image car il n'y a plus à proprement parler de « levée du voile corporatif », mais rejet d'un moyen de défense pour tenter de se soustraire à une responsabilité personnelle.

La CONCLUSION comporte généralement 2 ou 3 parties, selon le cas. Il y aura une réponse à la question posée dans le problème, le cas échéant, la synthèse du développement (exposé dans les grandes lignes des éléments qui nous ont amenés à la réponse retenue) et une ouverture, c'est-à-dire, un élargissement de la question.

Pour la synthèse, résumez les idées essentielles de votre travail, les grandes conclusions auxquelles vous êtes parvenus. Vous pouvez être relativement brefs et ne retenir que les aspects que vous jugez particulièrement intéressants. Si votre développement est bien fait, il n'est pas nécessaire de reprendre tous les éléments un à un.

Évitez d'ajouter des arguments ou des éléments de fonds nouveaux, au dernier moment, à moins que ce ne soit à titre d'ouverture, dans le but d'élargir le débat.

Il n'est pas évident de trouver un mot de la fin qui soit juste. Pour votre ouverture, évitez de formuler des vœux pieux (ex. Dans un prochain travail, il serait intéressant d'examiner tel aspect.) ou d'énoncer des platitudes ou des évidences (ex. Ce fut un travail très intéressant. Le sujet n'était pas facile.)

Faites des liens avec l'actualité, formulez des suggestions pour approfondir la réflexion, faites des parallèles avec d'autres domaines de droit, mentionnez une idée originale qui vous est venue en analysant votre sujet, indiquez les développements futurs.

5.5 Choix du titre

Le titre ne doit pas être trop long, il doit être ACCROCHEUR ET REPRÉSENTATIF du sujet. Essayez d'être original, sans être extravagant.

> EX. Yves-Marie MORISSETTE, « Deux ou trois choses que je sais d'elle (la rationalité juridique) », (2000) 45 *R.D. McGill* 591.

> EX. Tristan DESJARDINS, « Échanger est-il péché ? Analyse de la norme de tolérance de la société canadienne contemporaine à la lumière de l'arrêt *R. c. Labaye*, (2004) 45 *C. de D.* 767-790.

> EX. Marie-France BICH, « Petit manuel de guérilla patronale-syndicale : effets de la Charte canadienne des droits et libertés sur le Code du travail », (1987) 47-5 *Revue du Barreau* 1097.

> EX. Anne-Françoise DEBRUCHE, « La protection de la propriété par la *Charte des droits et libertés de la personne* : diable dans la bouteille ou simple peau de chagrin ? », (2006) *Revue du Barreau/ Numéro thématique hors série* 175.

6	LANGUE JURIDIQUE[1]

6.1 Style juridique

« De même qu'il faut d'abord apprendre sa langue pour connaître un peuple étranger, pour comprendre ses mœurs et pénétrer son génie, de même la langue juridique est la première enveloppe du droit, qu'il faut nécessairement traverser pour aborder l'étude de son contenu. » Ainsi s'exprimait Henri Capitant dans la préface au Vocabulaire juridique de 1936, soulignant ainsi que l'ouvrage s'adressait non seulement aux juristes français et étrangers, mais aussi – et en premier lieu – au public composé de non-juristes et aux étudiants. D'évidence, la barrière de la langue est en effet l'obstacle majeur auquel se heurtent ceux qui abordent le droit, ou un droit autre que le leur.

---

[1] Sources consultées pour l'élaboration de la présente section : Jean-Louis BAUDOUIN, *Les perles de Thémis ou Les joyaux de l'humour involontaire*, Cowansville, Éditions Yvon Blais, 1990 ; Jean-Louis BAUDOUIN, *Les perles de Thémis*, t. 2, Cowansville, Éditions Yvon Blais, 1995 ; Claude PARIS et Yves BASTARACHE, *Philosopher : Pensée critique et argumentation*, 2ᵉ éd., Québec, Éditions C.G., 1995 ; GREVISSE, *Précis de grammaire française*, 30ᵉ éd., Louvain-la-Neuve, Éditions Duculot, 1995 ; *Vade-mecum du traducteur-rédacteur de la GRC*, mai 1999 ; Serge ALLARD et Paulien CURIEN, *Manuel de rédaction juridique*, Cowansville, Éditions Yvon Blais, 2000 ; Gisèle LAPRISE, *Les outils du raisonnement et de la rédaction juridique*, Montréal, Éditions Thémis, 2000, chapitre 8 ; Jean-Louis BAUDOUIN, *Les perles de Thémis*, t. 3, Cowansville, Éditions Yvon Blais, 2001 ; Louise MAILHOT, *Écrire la décision : Guide pratique de la rédaction judiciaire*, 2ᵉ éd., Cowansville, Éditions Yvon Blais, 2004 ; Louis BEAUDOUIN et Madeleine MAILHOT, *Expressions juridiques en un clin d'œil*, 3ᵉ éd., Cowansville, Éditions Yvon Blais, 2005 ; Mᵉ Josée PAYETTE, « Le soin à apporter à la présentation d'un écrit juridique », dans Collection des habiletés 2006-2007, École du Barreau du Québec, *Rédiger des écrits juridiques*, Montréal, Édition École du Barreau du Québec, 2006, p. 65 ; Chroniques linguistiques de SOQUIJ, en ligne : <www.depeche.soquij.qc.ca> ; L'honorable Jacques DELISLE et Johanne PLAMONDON, Bulletin *La Forme*, Québec, 2005-2009 ; Didier LLUELLES, *Guide des références pour la rédaction juridique*, 7ᵉ éd. avec la collab. de Josée RINGUETTE, Montréal, Éditions Thémis, 2008 ; Marie-Éva DE VILLIERS, *Multidictionnaire de la langue française*, 5ᵉ éd., Montréal, Éditions Québec Amérique, 2009 (ci-après Multi-dictionnaire) ; *Grand dictionnaire terminologique*, en ligne : <www.granddictionnaire.com>.

Ce serait une grave erreur de voir là un jargon dans lequel se complairaient les juristes par une sorte de pédanterie ou pour écarter des affaires les non-initiés. On ne peut parler de droit que dans la langue du droit, pour cette raison très simple que la plupart des institutions et des concepts juridiques n'ont pas de dénomination dans le langage courant.

Philippe MALINVAUD, Avant-propos, Gérard CORNU (dir.) / ASSOCIATION HENRI CAPITANT, *Vocabulaire juridique*, 8ᵉ éd., Paris, Quadrige/PUF, 2007

Nous l'avons dit, mais il convient de le répéter : la rédaction juridique exige SOBRIÉTÉ, CONCISION ET PRÉCISION.

Vous pouvez développer un style personnel, mais faites preuve de modération dans vos propos et pesez toujours vos mots.

Nous formulons ici quelques conseils tant sur le plan de la forme (vocabulaire, syntaxe, typographie) que du fond. Ayez-les en tête au moment de rédiger et de vous relire.

6.2 Vocabulaire et expressions consacrées

✓ Utilisez un vocabulaire juridique approprié et faites preuve de précision dans le choix des mots.

En effet, certains mots ou certaines expressions n'ont tout simplement pas leur place dans un contexte juridique. Si des termes juridiques précis existent, vous devez les utiliser et non vous contenter de substituts approximatifs ou inadéquats.

EXEMPLES	COMMENTAIRES
« La jurisprudence subséquente a murmuré contre Régent Taxi. »[2]	L'utilisation du verbe « murmurer » est inappropriée.
« Son recours comme victime à ricochet pourrait être accueilli. »[3]	Le terme approprié est « victime par ricochet ».

---

[2]   J.-L. BAUDOUIN, *Les perles de Thémis ou Les joyaux de l'humour involontaire*, préc., note 1.

[3]   Exemple tiré de J.-L. BAUDOUIN, *Les perles de Thémis*, t. 3, préc., note 1, p. 63.

✓ Trouvez des synonymes aux verbes utilisés fréquemment.

En droit, le champ lexical est relativement sobre et les mots qui le composent sont récurrents. Vous constaterez, par exemple, qu'un certain nombre de mots reviennent souvent lorsque vous résumez la jurisprudence ou les propos des auteurs sur un sujet. Faites tout de même effort pour trouver des synonymes appropriés, en particulier pour les verbes. Évitez d'utiliser le même mot deux fois dans le même paragraphe, sauf s'il s'agit d'une expression consacrée.

EX. Le juge considère, le juge constate, le juge conclut, le juge estime, le juge est d'avis que, le juge ajoute, le juge dispose, le juge nuance, etc.

LISTE DE VERBES UTILES

Constater – Mentionner – Soulever – Préciser – Signaler –
Évoquer – Invoquer – Rappeler – Souligner – Aborder –
Effleurer – Établir – Démontrer – Connoter – Montrer –
Décrire – Observer – Écarter – Repousser – Rejeter –
Examiner – Noter – Remarquer – Constater – Conclure –
Spécifier – Exprimer – Énoncer – Expliquer – Manifester –
Déclarer – Montrer – Révéler – Trahir – Sous-entendre –
Insinuer – Suggérer – Proposer – Conseiller – Affirmer –
Estimer – Évaluer – Juger.

✓ Si vous utilisez des expressions latines, assurez-vous de le faire adéquatement. Vous pouvez également les remplacer par leur équivalent français lorsqu'il existe et qu'il est plus approprié.

EX. On dira « condition sine qua non » et non « condition sinequa none », « solatium doloris » et non « solarium doloris, serpentum doloris ou salarium doloris » [13].

---

[13] J.-L. BAUDOUIN, *Les perles de Thémis ou Les joyaux de l'humour involontaire*, préc., note 1.

EX. On pourra remplacer l'expression «*de cujus*» par «défunt» et «jugement *a quo*» [14] par «jugement entrepris» ou «jugement frappé d'appel». Cette dernière expression est utilisée dans le *Code de procédure civile*.

✓ Les expressions, dictons et proverbes peuvent colorer votre écriture, mais assurez-vous de les choisir avec à propos et de ne pas les confondre.

Personne n'est à l'abri des «perronismes», même si certains ont un don particulier pour commettre ce genre d'impair verbal[15]. **EX.** Un tiens vaut mieux que ce qui ne t'appartient pas. Il ne faut pas remettre à plus tard ce qui appartient à César. Il est temps de mettre les points cédilles et les barres obliques. On traversera la rivière quand on sera rendu au bout du tunnel. On n'apprend pas à une vieille autruche à faire la grimace ! Il ne faut pas tout prendre au pli de la lettre. «Il se retrouve comme le chevreuil dans la bergerie ou, je dirais, comme le chevreuil dans la meute, alors qu'habituellement, c'est l'inverse.»[16]

✓ Évitez les anglicismes et les emplois fautifs.

Certains anglicismes ou emplois fautifs sont fréquemment rencontrés dans les écrits juridiques. Voici une liste d'expressions ou de termes à surveiller.

EXPRESSION / TERME	COMMENTAIRE
Accueil ou maintien d'un appel, d'une action, etc.	On dit qu'un appel est accueilli et non maintenu.

---

[14] *A quo* signifie duquel. Le «jugement *a quo*» est celui dont on a appelé. Albert MAYRAND, *Dictionnaire de maximes et locutions latines utilisées en droit*, 4ᵉ éd. mise à jour par Mairtin MAC AODHA, Cowansville, Éditions Yvon Blais, 2006, p. 49.

[15] Le terme «perronisme», qui décrit le résultat d'un lapsus ou d'un amalgame de deux adages, proverbes ou expressions, formé du nom de Jean Perron, entraîneur des Nordiques de Québec et des Canadiens puis commentateur sportif, qui commettait souvent ce genre d'erreur.

[16] Exemple tiré de J.-L. BAUDOUIN, *Les perles de Thémis*, t. 3, préc., note 1, p. 16.

Affaire, cause	On peut écrire « dans la cause opposant X à Y, il a été décidé que » ou « dans l'affaire *Untel* c. *Bennett*, le juge a conclu que », mais jamais « l'affaire, la cause ou la décision Untel c. Bennett a décidé que... » ; ce sont les juges, les tribunaux qui décident.
	On n'écrira jamais : L'affaire est « pendante » devant les tribunaux. Il s'agit d'un calque de l'anglais « pending case ». L'Office québécois de la langue française recommande l'expression « procédure en cours » [2005][17].
À l'effet que	Il s'agit d'un calque de l'anglais « to the effect that ». Selon le contexte, la locution est inutile (ex. Il a témoigné à l'effet qu'il était absent le soir du drame. Il a témoigné qu'il absent le soir du drame.) ou peut être remplacée par « voulant que », « selon lequel », « en vue de », « afin de », etc. Par exemple, on n'écrira pas « la jurisprudence est à l'effet que », mais plutôt « selon la jurisprudence » ou « dans l'affaire xyz ». On ne dit pas non plus « la loi est à l'effet que », mais plutôt « en vertu de la loi ».
Allégué ou allégation	L'allégation est l'action par laquelle on fait valoir un fait ou un point de droit au soutien de ses prétentions. « Par extension, *allégation* désigne l'énoncé de l'assertion ou le fait énoncé lui-même, c'est-à-dire le fait allégué. Éviter d'employer dans ce dernier sens, comme nom, le participe passé *allégué*. »[18] [Office de la langue française, 2002]

---

[17] Voir la note sous « cause pendante » dans le *Grand dictionnaire terminologique*, en ligne : <www.granddictionnaire.com>.

[18] Voir la note sous « allégation » dans le *Grand dictionnaire terminologique*, en ligne : <www.granddictionnaire.com>.

Appeler ou en appeler du jugement	On dit «appeler du jugement» et non «en appeler du jugement». On peut dire également «interjeter appel», «porter un jugement en appel», «former un appel à l'encontre d'un jugement», «se pourvoir en appel», mais on ne dit pas «loger, déposer ou inscrire un appel». On utilisera le terme «déposer» lorsqu'il est question d'un document; déposer une demande, déposer un mémoire, déposer une pièce.
Arrêt, jugement, décision, pourvoi	Le terme arrêt est réservé aux décisions de la Cour d'appel et de la Cour suprême. Dans les autres cas, on emploie les termes décision ou jugement.
Canceller, annuler, résilier, résoudre	On ne «cancelle» pas un contrat. Il s'agit d'un anglicisme. On l'annule, on le résilie s'il s'agit d'un contrat à exécution successive. On parle de résolution s'il s'agit d'un contrat à exécution instantanée.
Conjoint et solidaire	On est conjoint ou solidaire et non les deux à la fois.
Emphase (mettre l')	On dit plutôt «mettre l'accent» ou «insister» sur quelque chose.
Émettre et délivrer	Le tribunal n'émet jamais de décision ou d'ordonnance; il rend une décision, il prononce une ordonnance. L'administration n'émet pas de permis (calque de l'expression anglais *to issue*). On émet un avis, un consentement, un vote (au sens d'exprimer une volonté), on émet des actions, des obligations ou des effets de commerce (au sens de créer et mettre en circulation); on délivre un permis, une autorisation, une attestation, un brevet. Le verbe «délivrer» signifie «remettre officiellement un document constatant un acte juridique, spécialement une autorisation ou une attestation» [Office québécois de la langue française, 2000].

Erreur cléricale	On dit plutôt erreur de forme ou faute matérielle.
Instituer une action	On dit plutôt intenter ou entreprendre une action. On ne dit pas « prendre, déposer ou intenter un recours » ; on dit plutôt « exercer, former ou introduire un recours ».
Jugement renversé ou infirmé	On dit d'un jugement qu'il a été infirmé et non renversé.
Jurisprudence	Le terme « jurisprudence » désigne l'ensemble des décisions rendues par les tribunaux en droit de façon générale ou dans un domaine ne particulier. On ne peut donc pas l'utiliser pour désigner une seule décision.
Modifier et amender	Une loi (ou un règlement) est modifiée et un projet de loi amendé.
Rencontrer les exigences/ conditions	On dit plutôt que les exigences ou les conditions ont été respectées. On peut également dire qu'on répond ou qu'on satisfait aux exigences, qu'on satisfait ou qu'on remplit les conditions.
Pallier à	Le verbe « pallier » signifie atténuer, résoudre d'une façon provisoire, incomplète. Il ne se construit pas avec la préposition « à », mais avec un complément d'objet direct. On dit pallier les inconvénients, les vices, les insuffisances.
Prévoir et stipuler	On dit que la loi et le règlement « prévoient » et que le contrat « stipule ».
Règlement hors cour ou à l'amiable	Préférez l'expression règlement à l'amiable plutôt que règlement hors cour pour parler d'une affaire, d'un différend, d'un litige qui s'est réglé par voie de conciliation, sans procédure judiciaire.
Sous l'article	On ne dit pas « sous l'article 1 », mais plutôt « en vertu de l'article 1 », « selon l'article 1 », « Tel que prévu à l'article 1 ». Il s'agit d'un anglicisme (« under section 1 »).

Soumettre	Une partie ne soumet pas, elle soutient, elle plaide, elle propose, etc.
Suite à et à la suite de	Comme l'explique Marie-Éva De Villiers (Multidictionnaire), les formes suivantes sont fautives :

*suite à (votre lettre, votre demande, etc.) Dans une formule d'introduction, on écrira plutôt **comme suite à, en réponse à**. *Comme suite à* (et non *suite à) *votre appel téléphonique...*

*suite à. Dans le corps du texte, locution à remplacer par à cause de, à la suite de, en conséquence de, par suite de. *À cause d'une* (et non *suite à une) *panne d'électricité.*

Voici comment elle suggère d'employer ces différentes locutions :

– **À la suite de**, loc. prép. Après. *Le directeur parlera à la suite du président.*

– **À la suite de**, loc. prép. À cause de. *À la suite de cette décision injuste, il décida de démissionner.* SYN. en raison de.

– **Comme suite à**. En réponse à. *Comme suite à votre demande du 15 avril, nous vous faisons parvenir...*

– **Donner suite à quelque chose**. Faire en sorte qu'une chose ait un résultat. *Soyez assuré que nous donnerons suite à votre réclamation.*

– **Faire suite à**. Succéder. *Les étapes de la correction et de la révision font suite à la rédaction.* SYN. suivre.

Sentence ou peine	On dit une peine et non une sentence. Le mot « sentence » utilisé pour désigner la sanction appliquée à une personne ayant commis une infraction constitue un anglicise. Selon l'Office québécois de la langue française [2000], l'utilisation du mot « sentence » n'est acceptable que lorsque que l'on peut y substituer les mots « jugement » ou « décision ».

70

DIFFICULTÉ À SIGNALER : NON / EXTRA + TIRET ?

NON-
QUASI-
Les éléments «non» et «quasi» prennent un trait d'union devant un nom et sans trait d'union devant un adjectif ou un participe.

EX. Quasi-délit, organisme quasi judiciaire, non-fumeur, non-assistance, jour non juridique, non-agression, non négligeable, non négociable, etc.

Les mots composés avec un trait d'union peuvent prendre la marque du pluriel au dernier élément.

EX. Quasi-délits, non-fumeurs.

EXTRA-
Les mots composés avec le préfixe «extra» s'écrivent généralement sans trait d'union (sauf certaines exceptions, par exemple, lorsque le second élément commence par une voyelle) et sans espace.

EX. Obligation extracontractuelle, entente extrajudiciaire, relations extraconjugales, situation extraordinaire, etc.

6.3 Syntaxe et temps de verbe

✓ Utilisez la première personne du pluriel.

N'utilisez pas le «je», mais le «nous» dans vos dissertations. Cette formulation confère une certaine neutralité à vos propos, crée une distance entre vous et votre lecteur.

Sur le plan de la forme, Maria-Éva De Villiers (Multidictionnaire) explique que le participe passé s'accorde en genre, mais reste au singulier. EX. *Nous sommes persuadé (ou persuadée) que ce sera utile.*).

✓ Employez un style écrit plutôt que parlé et un niveau de langue approprié.

EX. «C'est comme ça que ça marche dans le milieu des syndicats.» «Cet article de loi n'a pas rapport.» «S'il aurait appliqué le système qu'il applique des fois lequel il est, d'autant qu'il est contesté, la causalité adéquate. »[19] « En tenant compte de ça, on regarde le cas présent par le prisme des articles 1493 – 1496 C.c.Q. pour voir si le recours du demandeur peut s'encadrer dans la même situation. »

✓ Utilisez les temps de verbe appropriés.

Généralement, le présent et le passé composé sont les temps les plus utilisés. Assurez-vous que le tout est logique. Le passé simple (ex. nous relûmes), le passé antérieur (ex. nous eûmes relu) subjonctif imparfait (ex. que nous lussions) ou le subjonctif plus-que-parfait (ex. que nous eussions lu) alourdissent la lecture de votre texte.

DIFFICULTÉ À SIGNALER → LOCUTION + INDICATIF OU SUBJONCTIF ?

Avec certaines locutions, on se demande souvent si le verbe qui suit doit être à l'indicatif ou au subjonctif. Voici donc les règles à suivre en cette matière.

Après que	→ Suivi de l'indicatif. EX. Après qu'il eut été interrogé, le témoin a perdu connaissance.
Avant que	→ Suivi du subjonctif. EX. L'accusé s'est décidé à parler avant que le policier ne perde patience.
Bien que	→ Suivi du subjonctif. EX. Bien qu'il ne soit probablement pas question en l'espèce de la « poursuite normale d'une activité », il s'agit sans aucun doute d'actes isolés qui revêtent un caractère commercial par leur nature.
Quoique	→ Suivi du subjonctif. EX. Quoique son erreur puisse être pardonnée, elle ne peut être oubliée.
De façon que	→ Se construit généralement avec le subjonctif. EX. Il est préférable de mener cette négociation de façon qu'on puisse obtenir les résultats espérés.

---

[19] J.-L. BAUDOUIN, *Les perles de Thémis ou Les joyaux de l'humour involontaire*, préc., note 1.

	Peut se construire avec le conditionnel pour exprimer une hypothèse ou avec l'indicatif pour exprimer une conséquence réelle, bien que l'emploi de la locution « de façon que » suivie de l'indicatif soit vieilli (Multidictionnaire). EX. « Il a écrit de façon que l'on arriverait difficilement à le lire. » « Le classement est fait de façon que tout est facilement accessible. » [Exemples tirés du Multidictionnaire]
Le fait que	→ Suivi de l'indicatif si une réalité ou une constatation est exprimée. EX. Dans ce contexte, le fait que le syndicat réclame une augmentation n'est pas sans choquer la partie patronale.
	Suivi du subjonctif si une supposition est exprimée. EX. Le fait que le témoin vienne ou pas pourrait tout changer. Le fait qu'il ait peut-être menti pourrait nous causer de gros ennuis.
Sans que	→ Suivi du subjonctif et pas de négation ne. EX. Il est tombé sans qu'on puisse y faire quoi que ce soit.

✓ Utilisez judicieusement la ponctuation.

La mémoire étant une faculté qui oublie ; voici un petit rappel des principales règles de ponctuation.

Point	Il marque la fin d'une phrase. Évitez de mettre des points à la fin des titres et sous-titres.
Virgule	Souvenez-vous que la virgule marque une pause. Lorsque vous lisez une phrase et que vous sentez le besoin de prendre une pause, alors peut-être la virgule s'impose-t-elle. En général, on utilise la virgule pour séparer les éléments semblables d'une énumération, pour encadrer un élément explicatif, pour séparer des propositions de même nature. On l'utilise également lorsque l'ordre classique d'une phrase (sujet, verbe, complément) est inversé, lorsque, par exemple, le complément circonstanciel ou

la proposition complément circonstanciel se trouve en tête de phrase. Lorsque les conjonctions et, ou, ni sont utilisées plus de deux fois dans une énumération, alors on insère des virgules. Les conjonctions mais, or et donc placées au début de la phrase sont suivies d'une virgule.

Point-virgule	Le point-virgule est utilisé pour séparer deux propositions indépendantes dont l'une est déjà subdivisée par une virgule OU pour séparer des propositions distinctes qui entretiennent cependant un lien entre elles.

EX. Pensez à vous référer aux sites des bibliothèques de droit ; ils fournissent une quantité de renseignements et de liens fort utiles.

Deux-points	Le deux-points annonce une énumération, une citation, un discours direct, une définition, une explication, une analyse ou une synthèse des idées précédemment exprimées. Les deux-points ne doivent pas être utilisés deux fois dans la même phrase.
Points de suspension	Les points de suspension, au nombre de trois, indiquent que l'expression de la pensée est laissée en suspens.
Point d'interrogation	Le point d'interrogation marque la fin d'une phrase interrogative directe.
Point d'exclamation	Le point d'exclamation, comme son nom l'indique, marque une exclamation. À utiliser avec modération.
Parenthèses	Les parenthèses servent à insérer une information complémentaire, accessoire. Elle n'est pas essentielle à la compréhension de la phrase. Évitez l'usage abusif des parenthèses. Si la parenthèse est trop longue, peut-être devez-vous songer à faire un paragraphe distinct sur la notion abordée entre parenthèses.
Guillemets	Les guillemets servent à encadrer et, par le fait même, signaler une définition, une citation. Ils servent également à émettre une réserve quant à l'emploi du mot ou du groupe de mots. Toutes les citations doivent être entre guillemets. Utilisez les guillemets français qui sont en forme de chevrons. Si le passage que vous citez contient des guillemets anglais, ne les changez pas.

✓ Évitez les phrases trop longues.

Il faut savoir manier la langue pour faire des phrases longues qui se lisent bien. À défaut d'être un as de la rédaction et de maîtriser à la perfection la ponctuation, contentez-vous de phrases claires, simples et concises. La beauté passe aussi par la simplicité !

✓ Faites des paragraphes.

Aérez votre rédaction. Limitez-vous à une idée par paragraphe, vous gagnerez ainsi en clarté et vous faciliterez la lecture de votre texte (Voir *supra*, 5.2 Organisation des idées dans le texte).

✓ Utilisez des mots de liaison et faites des transitions.

Les mots de liaison assurent les transitions entre les idées et permettent de structurer le texte. Voici une liste des principales conjonctions et locutions conjonctives que vous pouvez utiliser[20].

LISTE DE MOTS DE LIAISON

Addition, liaison	et, ni, puis, ensuite, alors, aussi, bien plus, jusqu'à, comme, ainsi que, aussi bien que, de même que, non moins que, avec, etc.
Conséquence	donc, de sorte que, de façon que, de manière que, si bien que, car, partant, aussi, partant, alors, ainsi, par suite, par conséquent, conséquemment, etc.
Comparaison	comme, comme si, de même que, ainsi que, autant que, aussi bien que, plus que, moins que, selon que, non moins que, etc.

---

[20]   C. PARIS et Y. BASTARACHE, préc., note 1, p. 216 ; GREVISSE, préc., note 1, p. 235-238.

Concession, opposition, restriction	bien que, quoique, encore que, alors que, tandis que, même que, quand même, malgré que, mais, au contraire, cependant, toutefois, néanmoins, pourtant, quoique, d'ailleurs, au reste, du reste, du moins, en revanche, par contre, sinon, etc.
Cause	car, parce que, puisque, attendu que, vu que, étant donné que, comme, en effet, effectivement, etc.
But	afin que, pour que, de peur que, etc.
Condition, supposition	si, au cas où, au cas que, en cas que, soit que, si ce n'est que, à condition que, supposé que, pourvu que, à moins que, si tant est que, sans quoi, etc.
Alternative	ou, soit... soit, tantôt... tantôt, soit... ou, ou bien, ou au contraire, etc.
Explication	savoir, à savoir, c'est-à-dire, soit, etc.
Temps	quand, lorsque, comme, avant que, alors que, dès lors que, depuis que, dès que, aussitôt que, jusqu'à ce que, pendant que, à mesure que, etc.

✓ Délivrez votre texte des fautes d'orthographe et fautes d'accord.

Les traitements de texte vous permettent de repérer les erreurs les plus évidentes ; pourquoi s'en passer ? ! Il existe également de très bons logiciels de révision de texte qui vous aident à repérer les règles de grammaire susceptibles de s'appliquer.

✓ Évitez les pléonasmes, le verbiage, les répétitions et digressions.

Soyez attentifs aux écueils que constituent les pléonasmes, le verbiage, les répétitions et digressions. Évitez de faire du « remplissage » en accumulant les mots et les phrases qui n'ont que peu de sens ou d'utilité.

PLÉONASME : « Didact. Terme ou expression qui ne fait qu'ajouter une répétition à ce qui vient d'être énoncé. **redondance, tautologie.** » *Le Nouveau Petit Robert de la langue française 2009.*

> **EX.** Voire même, prévoir à l'avance, reculer en arrière, monter en haut, descendre en bas, comme par exemple, additionner ensemble, comparer entre elles, etc.

VERBIAGE : Verbiage Abondance de paroles, de mots vides de sens ou qui disent peu de chose. **bavardage, délayage, phraséologie.** » *Le Nouveau Petit Robert de la langue française 2009.*

> **EX.** « Je pense personnellement... »[21] « Si je ne m'abuse et si j'ai bien compris le sens et la portée de certains arrêts de jurisprudence, ... »[22] « Toutes les trois conditions sont bien remplies sauf la dernière et peut-être la seconde. »[23] « Elle n'est pas de mauvaise foi, elle n'est pas non plus de bonne foi ; en somme elle n'est pas de la meilleure foi. »[24]

DIGRESSION : « 1. Développement oral ou écrit qui s'écarte du sujet. Faire une digression sur, à propos de... **parenthèse.** *« Les digressions trop longues ou trop fréquentes rompent l'unité du sujet. »* VAUVENARGUES. » *Le Nouveau Petit Robert de la langue française 2009.*

✓ Traquez les ambiguïtés, les équivoques et la polysémie. Surveillez votre syntaxe.

Vous devez vous exprimer le plus clairement possible et éviter les formulations susceptibles de semer un doute dans l'esprit du lecteur. Relisez-vous attentivement pour vous assurer qu'il n'y a pas d'ambiguïtés.

De façon générale, vous devrez être particulièrement attentifs à la syntaxe de vos phrases. La SYNTAXE est cette partie de la grammaire qui s'intéresse à la structure des phrases, à l'organisation des mots et des propositions à

---

[21] L. MAILHOT, préc., note 1, p. 101.

[22] *Id.*, p. 91 et 101.

[23] J.-L. BAUDOUIN, *Les perles de Thémis ou Les joyaux de l'humour involontaire*, préc., note 1.

[24] *Id.*

l'intérieur d'une phrase ; « ensemble des règles qui concernent le rôle et les relations des mots dans la phrase »[25].

- Les propositions subordonnées créent souvent des ambiguïtés. Relisez-vous attentivement.

  EX. « Un doute est raisonnable et doit être en faveur de l'accusé lorsqu'il est raisonnable. »[26] Tout d'abord, la définition est circulaire. Deuxièmement, on ne sait pas qui, du doute ou de l'accusé, doit être raisonnable.

- Méfiez-vous des homonymes.

  EX. Assisses légales ou accises légales ; différend ou différent ; résidant ou résident.

- Attention à l'utilisation des pronoms (personnels ou relatifs).

  EX. La police a été informée par madame X, mais elle n'a pas cru bon poursuivre les procédures. « D'ailleurs, la preuve révèle que lors de l'accident, le sommet du crâne de P a causé des dommages considérables au pare-brise du véhicule ; il s'est blessé à la lèvre supérieure, de même qu'à la langue. »[27]

- Les ambiguïtés peuvent tout simplement être le fruit d'une distraction.

  EX. « Les faits de *Coca Cola* c. *Driver* sont simples : une fillette du driver de Coca Cola est frappée par le camion et décède peu après. »[28]

- L'ambiguïté peut également être attribuable à une mauvaise organisation de la phrase.

  EX. « Il faut souligner que les paroles reprochées à la victime de grande tapette ne peuvent avoir été prononcées par elle. »[29]

---

[25] GREVISSE, préc., note 1, p. 7.

[26] Exemple tiré de J.-L. BAUDOUIN, *Les perles de Thémis*, t. 3, préc., note 1, p. 45.

[27] Exemple tiré de J.-L. BAUDOUIN, *id.*, p. 28.

[28] J.-L. BAUDOUIN, *Les perles de Thémis ou Les joyaux de l'humour involontaire*, préc., note 1.

[29] Exemple tiré de J.-L. BAUDOUIN, *Les perles de Thémis*, t. 3, préc., note 1, p. 7.

✓ Uniformisez la rédaction et le style de vos écrits.

Lorsqu'une terminologie juridique précise s'impose, soyez constants dans son utilisation (ex. la désignation d'une partie dans un contrat). Évitez de désigner un concept spécifique d'une façon autre que celle initialement choisie. Par ailleurs, faites les modifications qui s'imposent afin d'uniformiser le style et le ton de votre écrit. Vous y gagnerez en crédibilité.

✓ Sachez doser vos élans littéraires. Évitez les envolées lyriques ou les élans verbeux. N'abusez pas des superlatifs.

De façon générale, faites preuve de modération. En plus d'être hors contexte, les grandes envolées servent souvent à cacher des lacunes importantes sur le plan du contenu.

EX. D'ENVOLÉE LYRIQUE

« Après un tel effort d'analyse rationnelle, toutes les rêveries sont permises. Et j'ai rêvé d'actions en revendication pour nations occupées militairement et pour réfugiés, dont la propriété est possédée par des usurpateurs dont la prescription même si elle est corrompue de violence semble étrangement valable. Supprimons un instant entre nous, honnêtes citoyens, la sanction légale du droit de propriété, et le propriétaire dépossédé n'aura plus qu'à foutre son poing sur la gueule du possesseur. »[30]

---

[30]   J.-L. BAUDOUIN, *Les perles de Thémis ou Les joyaux de l'humour involontaire*, préc., note 1.

79

EX. D'ABUS DE SUPERLATIFS

« La fébrilité susdite de la demanderesse ne fut, hélas, qu'éphé-mère mirage : de cette faillite, la demanderesse en revint, penaude mais bredouille, pour s'attaquer sauvagement et abso-lument sans droit aux défendeurs et dans la présente cause par une action frivole, intempestive et absolument mal foutue, mais farcie de charges et de propos injurieux sinon malicieux mais très certainement blessants, dommageables contre les défendeurs et qui ont causé, leurs causent et leur causeront des torts, préjudices et dommages irréparables. »[31]

Vous pouvez avoir une rédaction originale, vivante, sans recourir à ce type d'envolées. Ne faites pas de poésie ni de sensationnalisme. Vous pouvez faire preuve d'humour tout en conservant un style rationnel propre à la rédaction juridique. Acquérir ou parfaire un style de rédaction proprement juridique est un exercice difficile. Sachez doser, soyez sobre, mais faites preuve d'esprit.

EX. DE FORMULATIONS ORIGINALES

Dans une poursuite en responsabilité civile pour un épisode de violence au volant, le juge Mayrand dans *Hemond* c. *Sauvé*[32] conclut que les fautes devront être divisées en « parts viriles ».

Dans l'arrêt *Industrie Porte Mackie inc. (Re)*[33], la Cour écrit : « Mackie et Garaga ont choisi d'unir leurs destinées commer-ciales par contrat en mars 1998 pour une période de 12 ans, en regard notamment des considérations suivantes : [...] ».

---

[31] J.-L. BAUDOUIN, *Les perles de Thémis*, t. 2, préc., note 1, p. 38.

[32] [1975] C.A. 232 (jj. Kaufman (dissident), Dubé et Mayrand).

[33] J.E. 2002-677, par. 4 (jj. Gendreau, Nuss, Rochette).

6.4 Fond (par opposition à la forme)

Selon que notre idée est plus ou moins obscure,
L'expression la suit ou moins nette ou plus pure.
BOILEAU, *Art poétique. Chant I.* Vers 151-152.

✓ Ne surchargez pas votre texte de citations.

On ne saurait trop insister sur l'importance de la concision en droit. Faites un effort de synthèse. Ne tentez pas de camoufler votre incompréhension ou les lacunes de votre texte par l'abondance de vos citations ; vous serez rapidement démasqués ! Ne conservez que les citations essentielles, celles qui servent véritablement vos propos. N'oubliez pas que les citations sont souvent négligées par le lecteur, alors n'ajoutez pas à son fardeau en les multipliant.

✓ Questionnez-vous sur le sens et la pertinence de vos propos, interrogez-vous sur l'idée que vous souhaitez communiquer.

Si vous ne savez pas ce que vous voulez dire, si vous ne connaissez pas votre intention de communication, votre lecteur le saura encore moins que vous.

QUELQUES EXEMPLES DE FORMULATIONS
QUI LAISSENT LE LECTEUR PERPLEXE

« La simulation n'est pas admise pour faire annuler le mariage effectué dans le seul but de retarder la naissance d'un enfant. »[34].

« De plus les parents n'avaient pas droit de réclamer pour perte de vie en tant qu'héritiers de la victime, mortellement blessée, du fait que le recours est réservé à la victime et que cette dernière n'étant pas morte, n'y avait pas avant de mourir droit elle-même. »[35]

---

[34] J.-L. BAUDOUIN, *Les perles de Thémis ou Les joyaux de l'humour involontaire*, préc., note 1.

[35] *Id.*

« Le doute raisonnable est celui qui donne une attitude morale que l'accusé ne peut pas avoir raisonnablement commis l'offense parce que ce serait déraisonnable de le croire alors. »[36]

« À chaque pas des policiers, il y a violation d'un droit constitutionnel, elle-même essentielle au pas suivant de violation. Donc violation sur violation. »[37]

« Nous optons pour cette solution, mais hélas nous ne sommes pas encore juge et elle n'a donc pas force de loi d'autant plus qu'elle est clairement contraire à toute jurisprudence antérieure. »[38]

✓ Appuyez vos propos.

Utilisez les sources pertinentes ; la législation, la jurisprudence et la doctrine. Si vous écrivez que « la jurisprudence est constante sur ce point », ou qu'« il y a un débat en jurisprudence sur cette question », ou que « la majorité des auteurs sont de cet avis », citez vos sources ! Évitez les sophismes.

EX. DE SOPHISMES : « C'est vrai parce que c'est mon opinion ! » « C'est inexact parce que ça n'a pas de bon sens, parce que c'est révoltant. » « Tout le monde pense que c'est ainsi donc c'est ainsi. » « Il faut que justice soit faite parce que sans cela il y aura injustice et l'injustice ne peut être tolérée par la justice. »[39]

Vous devez appuyer vos propos des sources juridiques pertinentes, en l'occurrence, la loi, la jurisprudence et la doctrine. La Bible, ce n'est pas un bon argument sur le plan juridique.

Ex. « Quand le Christ nous a laissés, Il nous a dit : « Tu aimeras ton Dieu de tout ton cœur et ton prochain comme toi-même ». Est-ce que nous ne pourrions pas considérer la « gestion d'affaire » comme

---

[36] Exemple tiré de J.-L. BAUDOUIN, *Les perles de Thémis*, t. 3, préc., note 1, p. 45.

[37] Exemple tiré de J.-L. BAUDOUIN, *id.*, p. 57.

[38] J.-L. BAUDOUIN, *Les perles de Thémis ou Les joyaux de l'humour involontaire*, préc., note 1.

[39] J.-L. BAUDOUIN, *Les perles de Thémis*, t. 2, préc., note 1, p. 32.

un prolongement de l'application de la seconde partie du grand commandement de la charité ? En effet, bien qu'il n'est pas question de faire une analogie entre le grand commandement de la charité et la « gestion d'affaire », nous remarquons comment l'attitude du gérant face au géré est similaire à celle du bon samaritain face au blessé de la route de Samarie. Mais comme nous ne faisons pas un cours de sciences religieuses, oublions le grand commandement et revenons à nos moutons. »[40]

---

[40]   J.-L. BAUDOUIN, *Les perles de Thémis ou Les joyaux de l'humour involontaire*, préc., note 1.

7   Présentation matérielle

De façon générale, le conseil le plus utile que l'on puisse vous donner est de soigner la présentation matérielle de votre travail. Vos bons soins ne passeront pas inaperçus et auront pour effet de bien disposer le lecteur. Une présentation matérielle négligée envoie un message indirect au lecteur ; elle lui donne l'impression que le fond sera à l'image de la forme.

7.1   Page titre et table des matières

La page titre ne suscite aucun commentaire particulier. Assurez-vous simplement de respecter la présentation suggérée par votre faculté ou département.

Quant à la table des matières, elle correspond tout bonnement au plan de votre développement (divisions explicites).

Quelques erreurs sont fréquemment commises dans la PRÉSENTATION DE LA TABLE DES MATIÈRES.

- N'indiquez jamais de « p. » devant le numéro de page. Utilisez des points de suite entre la fin de l'intitulé d'une division et le numéro de page. Mettez les subdivisions légèrement en retrait de la division d'un niveau supérieur.

- N'inscrivez jamais « Développement » avant de présenter les divisions de votre plan explicite. Mentionnez cependant à quelle page se trouvent l'introduction, la conclusion et la bibliographie.

7.2   Mise en page

Imprimez votre document sur du papier 21,5 cm × 28 cm (8 1/2 × 11). Laissez des marges suffisantes (ex. 3 cm 1/2 en haut et à gauche et à 2 cm 1/2 en bas et à droite).

En général, dans les dissertations, on utilise un interligne 1 1/2 pour le corps du texte et un interligne simple pour les notes en bas de page et les citations de plus de 3 lignes placées en retrait des marges.

Faites un saut de ligne entre les paragraphes. Vous pouvez utiliser les alinéas au début de chaque paragraphe.

Utilisez une police courante (ex. Times, Times New Roman ou Arial) avec une taille de 12 points pour le texte et une taille de 10 points pour les notes en bas de page.

7.3 Corps du texte

- *Divisions du plan intercalées dans le texte*

On doit retrouver les divisions de votre plan dans le corps du texte. Utilisez la même présentation, les mêmes caractères que ceux utilisés dans la table des matières afin mettre les intitulés en évidence.

- *Titres complets dans le texte en italiques*

Les titres de lois, lorsqu'ils sont écrits au long dans le corps du texte, sont en italiques. N'utilisez les italiques que s'il s'agit du titre officiel et non lorsque vous utilisez une version courte du titre ou une abréviation. EX. Les mots « Code civil » ou l'abréviation « C.c.Q. » ne sont pas en italiques, mais le titre officiel « *Code civil du Québec* » doit l'être.

Si vous devez mentionner une loi à plusieurs reprises, vous pouvez indiquer entre parenthèses dans la note en bas de page la désignation que vous utiliserez par la suite. EX. *Loi sur les accidents du travail et les maladies professionnelles*, L.R.Q., c. A-3.001 (ci-après « Loi » ou ci-après « L.a.t.m.p. »). Il faut mentionner au moins une fois le titre officiel dans le corps du texte ou les notes de bas de page.

Par ailleurs, il existe un certain nombre d'abréviations connues qui n'exige pas d'explications. À ce sujet, consultez le *Guide des références pour la rédaction juridique* (ex. C.c.B.C., C.c.Q., C.p.c.)[1]. Les abréviations ne sont jamais précédées des mentions « le », « du » ou « au ».

Dans le texte, c'est-à-dire lorsque la mention d'un article ou d'un paragraphe s'insère dans une phrase, n'utilisez pas les abréviations des mots « article » et « paragraphe », à moins qu'ils ne soient indiqués entre parenthèses[2]. Vous pouvez par ailleurs utiliser les abréviations dans les notes en bas de page, à moins, encore une fois, qu'ils ne s'insèrent dans une phrase.

---

[1] Didier LLUELLES, *Guide des références pour la rédaction juridique*, 7e éd. avec la collab. de Josée RINGUETTE, Montréal, Éditions Thémis, 2008, p. 11 et 32 (ci-après dans le texte, *Guide des conventions pour la rédaction juridique*).

[2] Les références aux sources utilisées par l'étudiant devront respecter les conventions décrites dans le guide de D. LLUELLES, préc., note 1, p. 34-35.

L'abréviation du mot «alinéa» peut toujours être utilisée, à moins que l'alinéa ne soit mentionné à titre principal (ex. «L'alinéa 3 prévoit xyz.»)

Tout comme pour les lois et règlements, vous ne devez jamais mentionner la référence d'une jurisprudence ou d'une doctrine dans le corps du texte. Vous mentionnez l'intitulé de la cause dans le texte, en italiques, et la référence dans une note de bas de page. Si vous n'avez retenu que le nom d'une des parties ou si vous avez donné un surnom à la cause, vous devez mentionner l'intitulé exact de la cause dans la note de bas de page.

Pour la doctrine, il est plus rare de mentionner le titre d'un ouvrage ou d'un article dans le corps même du texte, mais le même principe s'applique. De façon générale, on fera plus souvent référence au nom de famille des auteurs dans le texte et on donnera le nom complet dans la référence.

- *Majuscules et minuscules*

Il existe quelques règles à suivre en ce qui concerne les majuscules et minuscules de certains mots[3]. Les noms officiels des tribunaux, comme la Cour d'appel ou la Cour suprême, ne prennent une majuscule qu'au premier mot. Vous ne mettez pas de majuscule si vous utilisez les termes «cour» ou «tribunal» de façon générique, sans référer à un tribunal en particulier. EX. «Dans cette affaire, la Cour a disposé du litige en précisant que...» «Au Canada, les cours et les tribunaux...»

Le terme «juge» ne prend jamais de majuscule. Les mots «loi» et «règlement» ne prennent pas de majuscule, à moins qu'ils ne fassent partie d'un titre. Ils prennent la minuscule même lorsqu'ils font référence à une loi ou un règlement en particulier. Les mots «Code», «Charte» et «Constitution» prennent toujours la majuscule lorsque vous référez à un texte précis et n'en prennent pas lorsque vous utilisez ces termes de façon générale. EX. «Toutes les constitutions modernes contiennent une charte...»

- *Chiffres et nombres*

Les nombres inférieurs à 10 peuvent être écrits en lettres, au choix, et le reste en chiffres, à l'exception des articles de lois. Ne commencez jamais une phrase par un nombre ou un chiffre.

---

[3] *Id.*, p. 36 et 55-57.

- *Espaces et autres questions typographiques*[4]

Dans un texte, tous les signes de ponctuation (virgule, point-virgule, deux-points, point, point d'exclamation, point d'interrogation, point de suspension) sont suivis d'une espace. Le deux-points requiert une espace insécable avant.

Quant aux signes typographiques des plus utilisés (parenthèses, crochets, guillemets), ils prennent toujours une espace avant et après. On laisse une espace insécable après les guillemets ouvrants et une espace insécable avant les guillemets fermants. Il n'y a aucune espace après l'ouverture de la parenthèse ou du crochet et avant leur fermeture.

N'ajoutez pas un deuxième point lorsqu'une phrase se termine par une abréviation (ex. C.c.Q.).

7.4 Renvois, notes et extraits[5]

Comme nous l'avons déjà mentionné, il est préférable d'indiquer rapidement les sources, dans le texte ou dans les notes, au moment de la rédaction, quitte à les corriger par la suite. À l'étape de la révision, assurez-vous que toutes les sources ont été correctement citées et que les références sont complètes.

Respectez les conventions de citation en vigueur dans votre établissement. Vous pouvez consulter notamment le *Guide des références pour la rédaction juridique.*

Certains éléments relatifs aux renvois, notes et extraits font souvent l'objet de questions. En voici quelques-uns :

- Sauf exception, la référence à une loi ou à un règlement, à une décision jurisprudentielle ou à un texte de doctrine doit nécessairement se trouver dans une note en bas de page et non dans le corps du texte.

---

[4] Voir le tableau des espacements pour les documents produits par dactylographie ou traitement de texte dans Marie-Éva DE VILLIERS, *Multidictionnaire de la langue française*, 5e éd., Montréal, Éditions Québec Amérique, 2009, p. 649.

[5] Voir notamment D. LLUELLES, préc., note 1, chapitre 6.

- Si vous avez indiqué le titre officiel de la loi ou du règlement ou l'intitulé complet de la cause dans le corps du texte, vous n'avez pas à le répéter dans la note en bas de page[6].

- Vous devez placer l'appel de note à l'intérieur de la ponctuation ou immédiatement après le guillemet final, sans espace.

- Afin d'alléger les notes de bas de page, vous devez utiliser les mécanismes de renvoi appropriés (mécanisme de renvoi éloigné et mécanisme de renvoi rapproché), et ce, pour les lois et règlements, la jurisprudence et la doctrine. À cet égard, consultez le *Guide des conventions pour la rédaction juridique*.

- Une même note peut parfois contenir plusieurs références à des sources différentes. Regroupez les références d'une même source ensemble. Vous pouvez ensuite classer les lois et règlements ensemble selon un ordre alphabétique, la jurisprudence selon un ordre hiérarchique et/ou chronologique et la doctrine selon un ordre alphabétique ou chronologique.

- Les extraits de texte cités sont enserrés entre des guillemets français et toujours accompagnés d'une note en bas de page qui en indique la source. Toute modification à un extrait de texte doit figurer entre crochets. Si vous soulignez un passage dans l'extrait, vous devez l'indiquer.

- Les fautes d'orthographe de l'auteur ou du juge doivent être reproduites et suivies de la mention sic entre parenthèses.

- Pour indiquer qu'un passage de l'extrait cité a été volontairement omis, utilisez les points de suspension entre crochets.

- Les extraits courts figurent dans le texte (3 lignes et moins). Ils s'insèrent dans une phrase ou doivent être annoncés par deux-points et une phrase introductive. De façon générale, à moins que l'extrait cité ne soit court – quelques mots ou une expression – et s'insère bien dans votre phrase, vous devez introduire votre citation et l'annoncer par les deux-points. EX. « À cet égard, l'auteur a formulé la réserve suivante : ... » (voir *supra*, 5.3 Utilisation des sources).

---

[6]   *Id.*, p. 29-30.

- Les citations qui ont plus de 3 lignes doivent être placées en retrait des marges à interligne simple.

- Dans les notes de bas de page, lorsque vous faites référence à une série de pages ou d'articles, utiliser la mention « et suiv. » et ne mentionner qu'un seul « p. » même si vous référez à une série de pages.

7.5 Pagination

Paginez le corps du texte en chiffres arabes. Les pages préliminaires sont paginées en chiffres romains minuscules. La page titre n'est **jamais** paginée.

7.6 Tables bibliographiques[7]

Scindez vos tables bibliographiques selon les types de sources consultées : **1.** Table de la législation ; **2.** Table de jugements ; **3.** Bibliographie.

À l'intérieur de la table de la législation et de la table de jugements, vous pouvez classer les éléments selon leur provenance (ex. fédérale, québécoise, provinciale, internationale, etc.).

À l'intérieur de la bibliographie, classez les ouvrages selon leur appartenance : monographies et recueils ; articles de périodique et études de recueil ; documents gouvernementaux ou d'organismes publics ; documents internationaux ; articles de journaux ; dictionnaires et encyclopédies, autres documents, etc.

Pour des exemples, consultez la bibliographie du présent ouvrage ou le *Guide des références pour la rédaction juridique*.

---

[7]   *Id.*, chapitre 8.

8 | AVIS JURIDIQUE

8.1 Quelques commentaires introductifs

L'avis juridique vous permet de présenter une opinion écrite sur une question de nature juridique qui vous a été soumise.

Généralement, l'avis juridique est destiné à un client dans le contexte d'une relation professionnelle d'avocat ou de notaire, mais le destinataire de votre opinion peut également être un autre avocat ou un supérieur au sein d'un cabinet ou d'un contentieux d'entreprise. Ces derniers sont aussi vos « clients ». Vous pourriez également être appelés à rédiger un avis juridique ou un document similaire dans le cadre d'une clinique juridique ou d'un stage auprès d'un juge.

Dans tous les cas, vous devez adapter votre avis juridique, tant sur le plan de la forme que du fond, aux connaissances et aux besoins spécifiques de votre destinataire.

Lorsque vous rédigez un avis juridique, ayez constamment à l'esprit l'adage suivant : « Les paroles s'envolent, les écrits restent. » Dans la mesure où vous engagez votre responsabilité en rédigeant cette opinion, vous devez faire preuve de circonspection avant de faire des affirmations que vous n'avez pas préalablement vérifiées. Adoptez une attitude critique et n'hésitez pas à remettre en cause les connaissances que vous croyez acquises.

Vous devez répondre avec précision, clarté et concision aux questions qui vous ont été posées, mais vous devez faire les nuances et distinctions qui s'imposent. En effet, les possibilités de situations factuelles sont infinies et le droit d'application parfois générale ou incertaine. Dans la mesure où votre opinion doit permettre à votre client de prendre une décision éclairée, vous devez faire preuve d'une certaine objectivité, un peu comme le ferait un juge. Vous proposerez ensuite à votre client la solution que vous estimez la plus appropriée et la plus avantageuse pour lui.

Vous remarquerez que les techniques de solution d'un problème juridique entretiennent un lien étroit avec la confection d'un avis juridique.

8.2 Étapes de résolution d'un problème juridique[1]

> *Un homme qui pense ne se contente pas de recueillir les faits :*
> *il cherche à les lier entre eux.*
> SENEBIER, *Essai sur l'Art d'Observer. Dans Pougens.*

Qu'il s'agisse de trouver la réponse à une question d'examen ou à un problème factuel plus concret, dans le cadre d'un stage ou d'un emploi dans un cabinet, une cour de justice, un ministère ou un contentieux, vous serez inévitablement appelés à résoudre des problèmes de nature juridique. L'objectif ultime de la recherche est de trouver des réponses à ces problèmes.

Avant de vous lancer dans une recherche, vous devez apprendre à cerner avec le plus de précision possible le problème avec lequel vous êtes aux prises. Vous devez donc développer et intégrer un certain nombre de réflexes qui vous permettront d'analyser les problèmes qui vous sont présentés et d'identifier les solutions à ces problèmes de la façon la plus systématique possible.

Ces réflexes, ou si vous préférez, ces bonnes habitudes, vous seront utiles lorsque vous devrez donner votre opinion sur une question et rédiger un avis juridique.

La lecture de la jurisprudence peut vous en apprendre beaucoup sur le processus de résolution d'un problème juridique, car le tribunal appelé à trancher un litige doit traverser ces mêmes étapes pour parvenir à une décision.

Généralement, le problème juridique à résoudre se présente sous deux formes : à partir d'une situation factuelle ; ou à partir d'un énoncé.

---

[1] Sources consultées pour la préparation de cette section : Gisèle LAPRISE, *Les outils du raisonnement et de la rédaction juridiques*, Montréal, Éditions Thémis, 2000, chapitre deuxième ; BARREAU DU QUÉBEC, *Théorie d'une cause*, dans Collection des Habiletés 2002-2003, Montréal, Édition École du Barreau du Québec, 2002 ; Maureen F. FITZGERALD, *Legal Problem Solving : Reasoning, Research & Writing*, 3e éd., Markham (Ontario), LexisNexis Canada Inc., 2004. Cette dernière propose de résumer le processus de recherche juridique en 5 étapes (FILAC) : (1) Facts – Analyse the facts ; (2) Issues – Determine the legal issues ; (3) Law – Find the relevant law ; (4) Analysis- Analyse the law and apply it to the facts (5) Communication – Communicate the results of the research.

Résolution d'un problème juridique à partir d'une situation factuelle	Résolution d'un problème juridique à partir d'un énoncé
Commentaires généraux	Commentaires généraux
Dans la pratique, vous serez la plupart du temps en présence de situations factuelles. Ainsi, un client ou la personne pour qui vous travaillez vous exposera dans le désordre un certain nombre de faits qui créent une situation problématique ou litigieuse.	Il est possible que le problème se présente sous la forme d'un simple énoncé. Soit les faits auront déjà été démêlés et vous aurez à effectuer des recherches sur une question de droit spécifique, soit il n'y aura tout simplement pas de faits précis rattachés à la question.
Vous devrez donc mettre de l'ordre dans ces faits, identifier les aspects susceptibles d'avoir une incidence juridique, identifier les questions juridiques soulevées, trouver le domaine de droit et les règles de droit applicables, puis, dans le cadre de votre analyse, appliquer le droit aux faits, examiner les conditions d'application des règles de droit, identifier les solutions et, s'il y a lieu, déterminer les éléments constitutifs du fardeau de preuve.	EX. DE QUESTION SOUS FORME D'ÉNONCÉ : Est-ce que la détention ou la location d'immeubles vacants sont des activités commerciales qui privent l'État étranger de l'immunité d'exécution dont il bénéficie en vertu de l'article 12 de la *Loi sur l'immunité des États*[2] ?
Les différentes étapes de résolution d'un problème peuvent se chevaucher ; la recherche d'une solution est un processus continu et évolutif. EX. Il se peut que vous ayez à faire de nouvelles recherches sur les	Certaines questions de droit peuvent être plus larges. EX. Quel est l'état du droit au Québec en matière de diffamation ? Quel est l'état du droit dans les autres provinces canadiennes ? Quelle est l'étendue de l'obligation de loyauté d'un travailleur en droit québécois ? Comment les tribunaux ont-ils interprété l'article 1726 C.c.Q. sur les vices cachés ?

[2] L'article 12(1)(b) de la *Loi sur l'immunité des États*, L.R.C. 1985, c. S-18, prévoit notamment que les biens de l'État étranger situés au Canada sont insaisissables et ne peuvent, dans le cadre d'une action réelle, faire l'objet de saisie, rétention, mise sous séquestre ou confiscation, sauf notamment pour les biens utilisés ou destinés à être utilisés dans le cadre d'une activité commerciale.

faits après avoir pris connaissance du droit applicable. Il est également possible que la détermination des enjeux juridiques se fasse très rapidement au moment de la collecte des faits.

D'autres seront beaucoup plus pointues. EX. Quel est le délai pour exercer un recours pour obtenir la réparation d'un préjudice pour atteinte à la réputation à la suite dela publication d'un reportage dans un périodique ?

Il arrive également que les tribunaux soient appelés à trancher des questions théoriques. À titre d'exemple, les renvois qui sont adressés à la Cour suprême du Canada ou à la Cour d'appel du Québec. EX. Pensez notamment au *Renvoi relatif au mariage entre personnes du même sexe*[3] et au *Renvoi relatif à la sécession du Québec*[4]. Par le mécanisme du renvoi, le législateur demande son opinion au plus haut tribunal du pays ou de la province par rapport à une question ou un projet de loi.

Bref, tout comme pour une problématique factuelle, vous devrez, le cas échéant, établir les questions de droit autres que celles expressément énoncées, puis déterminer le domaine de droit et les règles de droit applicables. Finalement, vous devrez arrêter les solutions et formuler votre réponse.

[3]   [2004] 3 R.C.S. 698.
[4]   [1998] 2 R.C.S. 217.

Cueillette et analyse des faits pertinents	Compréhension de la question
Dans vos examens à la Faculté de droit ou à l'École du Barreau, les faits sont déjà énoncés et il ne vous reste qu'à faire le tri entre ceux qui sont pertinents et ceux que le professeur a insérés simplement pour créer un peu de confusion dans votre esprit ou ajouter un niveau de difficulté.	Certains auteurs suggèrent de faire une analyse syntaxique et sémantique de l'énoncé. À notre sens, il est suffisant de dire que vous devez COMPRENDRE LE SENS DE L'ÉNONCÉ.
Concrètement cependant, l'exercice qui consiste à recueillir les faits pertinents à l'occasion d'une entrevue avec un client est beaucoup plus difficile, parce que, de toute évidence, vous ne savez pas ce que vous ignorez !	Pour ce faire, recherchez le SENS COURANT et le SENS JURIDIQUE des mots dans la question que l'on vous pose. Vous devez vous assurer de comprendre tous les concepts. Consultez des dictionnaires juridiques et les ouvrages généraux en cas de besoin.
Certains clients sont très loquaces, d'autres non. Certains vous cachent des informations, d'autres vous inondent de détails impertinents. Vous devez cumuler les QUESTIONS OUVERTES, puis les QUESTIONS FERMÉES pour préciser votre information.	Vous devez ensuite déterminer l'ORIENTATION DE L'ÉNONCÉ. Vous demande-t-on d'adopter une approche essentiellement explicative/descriptive (ex. exposez, résumez, analysez, etc.), critique/analytique (ex. commentez, discutez, critiquez, etc.), comparative (ex. comparez, mettez en parallèle, confrontez, etc.) ?
La cueillette et l'analyse des faits pertinents supposent la réalisation des étapes suivantes : 1. Vous devrez d'abord POSER DES QUESTIONS pour recueillir les faits pertinents. 2. Vous pourrez ensuite VÉRIFIER ET ORDONNER les faits de manière chronologique.	Bien souvent, les approches seront combinées. Il sera d'abord nécessaire d'exposer et d'expliquer le droit. Il sera ensuite utile de souligner les critiques ou les interprétations divergentes sur les différents points de droit. À l'occasion, on pourra faire mention d'éléments comparatifs. Finalement, votre jugement pourra être sollicité et vous devrez émettre une opinion, adopter un point de vue critique.

Étape n° 1 : Poser des questions

La liste suivante comporte plusieurs questions ouvertes qui vous permettront de recueillir des informations générales que vous pourrez préciser par la suite en posant des questions fermées, c'est-à-dire des questions plus pointues.

QUI ?

QUOI ?

QUAND ?

OÙ ?

COMMENT ?

POURQUOI ?

Cette liste de questions n'est pas exhaustive. Notez également qu'elles peuvent être redondantes. De ces questions générales pourront surgir des questions plus précises. L'objectif est de bien cerner le problème juridique.

QUI ? IDENTIFIEZ LES PERSONNES

Vous devez identifier les personnes en cause ainsi que leur qualité juridique spécifique. EX. Époux, locataires, propriétaires, actionnaires, assureurs, parents, municipalité, société d'état, etc.

Lorsque des personnes morales sont impliquées, assurez-vous d'identifier leurs représentants légaux.

Le type de personnes en cause donne un indice sérieux du droit applicable.

Même si l'approche retenue est essentiellement explicative, il faudra exercer votre esprit critique dans le choix des sources et de la documentation ; si l'approche est essentiellement critique, il y aura tout de même une part explicative préalable.

EX. Si seuls des particuliers sont impliqués dans le litige, alors la *Charte canadienne des droits et libertés*[5] ne sera pas applicable. La *Charte des droits et libertés de la personne du Québec*[6] pourrait cependant trouver application. Ainsi, dans l'affaire du *Syndicat Northcrest* c. *Amselem*[7], certains copropriétaires du Sanctuaire Mont-Royal, de religion juive orthodoxe, ont invoqué le droit à la liberté de religion prévu à l'article 3 de la Charte québécoise pour contester les clauses contenues dans la déclaration de copropriété interdisant l'installation d'une souccah individuelle sur leur balcon.

EX. S'il est question d'un employé non syndiqué, alors il ne sera pas pertinent d'appliquer le *Code du travail*[8]. Il faudra regarder du côté de la *Loi sur les normes du travail*[9]. Si l'employé est un cadre supérieur, il sera exclu du champ d'application de cette dernière loi, sauf en ce qui concerne certains congés par exemple. Par ailleurs, pour l'application du *Code du travail*, il faudra vérifier si l'entreprise

---

[5] Partie I de la *Loi constitutionnelle de 1982*, annexe B de la *Loi de 1982 sur le Canada*, 1982, R.-U., c. 11, art. 24.

[6] [L.R.Q., c. C-12.

[7] [2004] 2 R.C.S. 551.

[8] L.R.Q., c. C-27.

[9] L.R.Q., c. N-1.1.

en cause est fédérale ou provinciale au sens constitutionnel du terme. La qualification de l'entreprise dépendra de l'analyse de son activité. S'il s'agit d'une entreprise fédérale, il faudra regarder du côté du *Code canadien du travail*[10].

QUOI ? CERNEZ L'ÉVÉNEMENT

Identifiez l'événement à la source du problème juridique. De quoi s'agit-il ? Que s'est-il passé ?

EX. Alors qu'elle était en arrêt de travail pour cause de blessure au dos, Ginette Lépine a été aperçue par plusieurs collègues en train de participer à un combat de lutte extrême. Son employeur l'a congédiée. Quel est l'événement à la source du problème juridique ? Le congédiement de Mme Lépine.

EX. M. Légaré, résident à la maison Le Dernier Repos, a été brûlé alors qu'une préposée lui donnait son bain quotidien. La préposée s'est absentée et n'a pas vérifié la température de l'eau. Par ailleurs, le dispositif permettant d'assurer la température constante de l'eau ne fonctionnait pas. Quel est l'événement à la source du problème juridique ? Les brûlures de M. Légaré.

QUAND ? REPÉREZ LE MOMENT

À quel moment s'est produit l'événement à la source du problème ?

---

[10]   L.R.C. (1985), c. L-2.

Parfois, il sera nécessaire d'obtenir une réponse très précise sur la date, l'heure, la minute où se sont produits les faits litigieux afin de reconstituer la chronologie des événements et établir la responsabilité des différents intervenants dans l'histoire.

EX. Si Jack est accusé d'avoir commis un vol à main armée au dépanneur du coin entre 20 h 05 et 20 h 10 et que le propriétaire du Bar La Dérive affirme que Jack est entré dans son établissement à 20 h pile, alors Jack a possiblement une défense d'alibi.

L'étape du moment est également très importante pour déterminer si la prescription relative aux recours judiciaires à entreprendre s'est accomplie. Si le délai de prescription s'est écoulé, alors il n'y a plus de recours possible. Parfois, il ne reste que quelques jours avant que la prescription ne soit accomplie, il faut alors agir de toute urgence.

EX. L'article 2925 du C.c.Q. prévoit que l'action qui tend à faire valoir un droit personnel ou un droit réel mobilier et dont le délai de prescription n'est pas autrement fixé se prescrit pas 3 ans.

EX. La question de savoir lequel des époux est décédé en premier peut avoir un impact sur la valeur de la succession recueillie par leurs familles respectives en l'absence de testament. Dans cette éventualité, ce sont les règles de la dévolution légale, en particulier, les articles 672 et 673 C.c.Q. qui s'appliquent, à moins qu'il soit impossible de déterminer laquelle des deux personnes a survécu à l'autre et que l'article 616 C.c.Q. trouve application.

Les lois particulières prévoient toutes sortes de délais de prescription.

EX. Les paragraphes 585(2) et (5) de la *Loi sur les cités et villes*[94] prévoient qu'en cas de préjudice matériel (dommage à la propriété mobilière ou immobilière), il faut, dans les 15 jours de l'accident, donner un avis à la municipalité de l'intention d'intenter une poursuite et intenter cette poursuite dans les 6 mois. L'article 585(1) de la même loi prévoit une telle exigence pour les blessures corporelles également. L'article 2930 C.c.Q. comporte un délai similaire.

Finalement, il est important de connaître le moment où se sont déroulés les événements parce que le droit (lois, règlements, jurisprudence) peut changer au fil du temps.

EX. La réforme du C.p.c. en 2002 a entraîné l'application de dispositions transitoires pour une certaine période de temps.

---

[11]   L.R.Q., c. C-19.

EX. Un jugement de la Cour suprême peut venir infirmer le jugement rendu en Cour d'appel sur un point de droit litigieux.

OÙ ? IDENTIFIEZ LE LIEU

Identifiez le lieu où s'est déroulé l'événement à la source du problème juridique. Il peut s'agir du lieu où le contrat a été conclu, du lieu où résident les époux, du lieu où s'est produit l'accident, etc.

À quelle adresse, dans quelle ville, dans quelle province l'événement s'est-il produit ? Il faut également vérifier l'adresse des parties.

Ces questions permettront de déterminer le droit applicable. EX. Si le contrat a été conclu à Toronto, le droit ontarien pourrait s'appliquer, sauf disposition à l'effet contraire.

Les questions sur le lieu où s'est produit l'événement permettront également de déterminer dans quel district judiciaire intenter la procédure. En matière civile, vous pouvez consulter les règles relatives au lieu d'introduction de l'action aux articles 68 et suiv. C.p.c. Règle générale, le lieu d'introduction de l'action sera le domicile du défendeur, mais il existe des exceptions (ex. art. 69 C.p.c.).

La question du lieu pourra également être importante si certains des événements pertinents au litige se sont produits à l'étranger. Les règles relatives au droit international privé devront alors êtres examinées. Il faudra s'interroger sur le droit applicable (conflits de lois) et sur le tribunal compétent (compétence internationale des autorités du Québec).

COMMENT ? LA MANIÈRE

Identifiez la manière dont s'est déroulé l'événement à la source du problème. Intéressez-vous aux circonstances, au contexte.

EX. Quelles sont les conditions qui ont présidé à la conclusion d'un contrat ? Y a-t-il eu des négociations préalables, des ententes entre les parties, des contrats accessoires, une relation de confiance qui s'est établie, etc.

EX. Quelles sont les circonstances qui ont entouré la commission du crime ? Y a-t-il eu de la violence, l'utilisation d'armes, de menaces, combien de coups ont été portés, etc. Y a-t-il eu de la négligence ?

POURQUOI ? LES CAUSES

Pourquoi l'événement s'est-il produit ? Les causes peuvent être le fruit de l'action humaine, du fait des animaux, du fait des choses, de circonstances fortuites, etc.

EX. Pourquoi le matériel qu'a commandé Robert pour l'exploitation de son entreprise n'a-t-il pas été livré ? Parce qu'il ne s'entend pas avec cocontractant sur l'interprétation de la clause qui prévoit les modalités de livraison.

EX. Pourquoi M. Légaré a-t-il été brûlé alors qu'on lui donnait son bain ? Parce que l'infirmière n'a pas vérifié la température de l'eau et que le dispositif de sécurité a fait défaut.

Étape n° 2 :
Vérifier et organiser les faits

Une fois tous les faits rassemblés, vous devrez peut-être faire les vérifications qui s'imposent auprès de tiers, consulter les documents qui sont disponibles, etc. Bref, vous devrez **valider** les informations obtenues.

Vous devrez ensuite séparer le bon grain de l'ivraie et ne retenir que les faits **pertinents** sur le plan juridique. Les faits pertinents sont ceux qui ont une incidence sur le plan juridique, ceux qui peuvent influer sur la solution juridique, ceux dont on devrait faire la preuve dans l'éventualité d'un recours. La connaissance des règles de droit applicables facilite l'exercice qui consiste à départager les faits pertinents de ceux qui ne le sont pas.

Finalement, vous devrez reformuler les faits de façon concise et les classer dans un ordre chronologique ou un autre ordre logique. Faites preuve d'objectivité dans votre rédaction des faits. Évitez l'usage excessif d'adverbes et d'adjectifs qualificatifs.

S'il vous manque certains faits pour être en mesure de vous prononcer adéquatement, indiquez-le.

DÉTERMINATION DU CADRE JURIDIQUE

Les étapes comprises dans la détermination du cadre juridique se chevauchent et s'accomplissent progressivement.

La détermination du cadre juridique nécessite la mise en œuvre des techniques de recherche de la législation, de la jurisprudence et de la doctrine (voir *supra*, 2. Quelques repères pour la recherche).

Pour déterminer le cadre juridique d'un problème, vous devrez identifier les questions juridiques soulevées, le domaine de droit visé et, plus spécifiquement, les règles de droit applicables.

Identification des questions de droit

Lorsqu'un problème se présente sous la forme d'une situation factuelle, vous devez identifier vous-même les enjeux juridiques et les questions qu'il soulève. La personne qui vous soumet le problème n'énoncera pas nécessairement les questions juridiques auxquelles vous devez répondre pour le résoudre. Par ailleurs, vous devrez peut-être répondre à plusieurs questions sous-jacentes à votre question principale.

EX. Louis et Louise, qui se sont rencontrés il y a un an et demi, viennent de s'acheter une maison dans un petit patelin au sud de Montréal ; ils en sont propriétaires à parts égales. Ils ont également fait l'acquisition d'un véhicule. Ils emménagent sous peu et s'interrogent sur les mesures à prendre dans l'éventualité où l'un d'eux venait à mourir. Ni l'un ni l'autre n'a de testament. Ils ne sont pas mariés et ils n'habitent pas encore ensemble. Ils aimeraient que leur part respective dans

Vous devez identifier toutes les questions de droit qui sont posées ; certaines questions sont énoncées explicitement dans la question, d'autres sont implicites. En effet, pour fournir une réponse complète, vous devrez peut-être répondre à un certain nombre de questions sous-jacentes.

EX. Prenons la question suivante : Quelle est l'étendue de l'obligation de loyauté d'un travailleur en droit québécois ? Pour y répondre, vous devrez d'abord définir « l'obligation de loyauté » et le « travailleur » et faire les distinctions appropriées avant d'expliquer l'étendue de cette obligation en fonction des différentes situations.

les biens qu'ils ont en commun revienne à l'autre et non à d'autres membres de leur famille. Louise a donc écrit à l'ordinateur ses dernières volontés en ce qui concerne sa part de la maison et de la voiture.

Dans cet exemple fort simple, la question juridique qui se pose porte sur la validité de l'écrit que Louise souhaite rédiger pour faire de son compagnon de vie l'héritier de sa part indivise dans la maison et le véhicule. En effet, est-ce qu'un document rédigé à l'ordinateur Louise constitue un testament valide ?

Attention, il convient de ne pas confondre les questions juridiques et les questions de fait. EX. Est-ce que le testament était signé ? Est-ce que Louis et Louise ont des enfants ? Y avait-il des témoins lorsque Louise a rédigé son testament ? Toutes ces questions se rapportent aux faits.

Détermination du domaine de droit

Pour résoudre le problème juridique, vous devrez déterminer de quel domaine de droit il relève.

Le droit public se divise en plusieurs domaines de droit. EX. Droit constitutionnel, droit administratif, droit fiscal, droit pénal, droit international public.

De même, le droit privé comporte plusieurs branches. EX. Droit civil, droit commercial, droit international privé.

Il existe également des branches de droit mixtes qui appartiennent sous certains aspects au droit public et sous certains autres au droit privé : droits et libertés fondamentaux, droit du travail, droit judiciaire (preuve et procédure civiles), droit social, etc.

Parfois, un même problème nécessitera l'examen de règles de droit appartenant à différents domaines.

Il ne suffit pas de déterminer de quel domaine de droit relève le problème à résoudre ; il faut le rattacher à un champ de recherche plus précis. EX. Si vous êtes d'avis que le problème relève du droit civil, s'agit-il du droit des personnes, du droit des successions, du droit des obligations, etc. ?

EX. Reprenons l'exemple de Louis et Louise. Le problème relève vraisemblablement du droit privé, en l'occurrence, du droit civil puisque nous sommes au Québec. On pourra notamment aller examiner la table des matières d'une édition privée du *Code civil du Québec*. On peut d'emblée écarter les règles de droit familial puisque nos amoureux ne sont ni mariés, ni unis civilement, ni conjoints de fait. Il n'est pas indiqué dans les données factuelles s'ils ont des enfants, mais compte tenu du caractère relativement récent de leur relation, on peut présumer que non. On devra cependant vérifier auprès d'eux afin de s'assurer de l'exactitude des faits. On peut donc conclure qu'il s'agit d'un problème de droit des successions.

Détermination des règles de droit applicables

Examinez les sources du droit positif. Les règles de droit peuvent se trouver dans une loi, un règlement, une décision. Il arrive que plus d'une règle de droit soit applicable à un problème donné. Intéressez-vous d'abord à la législation et ensuite à la jurisprudence.

Nous l'avons déjà mentionné, il peut être utile à cette étape de consulter un ouvrage ou un article de doctrine afin de dresser un portrait général du sujet et ainsi déterminer les règles de droit potentiellement applicables.

EX. Dans notre exemple, vous pourriez aller directement consulter le livre troisième du *Code civil du Québec* sur les successions et lire les dispositions sur la dévolution légale pour savoir de quelle façon seraient répartis les biens en l'absence de testament, ainsi que celles sur les testaments, en particulier les articles 712 à 715 C.c.Q. (dispositions générales) et 726 à 730 C.c.Q. (testament olographe et testament devant témoins).

Analyse juridique

Après avoir fait la recherche et avoir identifié les règles de droit poten-tiellement applicables, il faut lire et analyser tous les éléments (législa-tion, jurisprudence, doctrine). À la lumière des faits ou de l'énoncé, vous devez vous interroger sur les conditions d'application des règles de droit, identifier les solutions juridiques pertinentes, formuler la réponse et, le cas échéant, préparer la preuve dans l'éventualité d'un litige.

Examen des conditions d'application de la règle de droit

Vous devez examiner les condi-tions d'application des règles de droit et les appliquer aux faits qui vous ont été présentés.	En l'absence de trame factuelle, vous devez examiner les conditions d'application des règles de droit à la lumière du cadre défini dans votre énoncé.

Découverte des solutions

Trouvez les réponses aux questions qui vous ont été posées et détermi-nez quelles solutions pourront être envisagées pour régler le problème juridique.

Des recours devront possiblement être exercés ; vous devrez déterminer lesquels.

EX. Recours en responsabilité civile contractuelle ou extracontractuelle ? Recours en congédiement sans cause juste et suffisante ou recours en dommages devant les tribunaux de droit commun ?

Peut-être devrez-vous utiliser un ou plusieurs moyens de défense ou de contestation.

Il y aura peut-être des mesures préalables à prendre. EX. Envoi d'une let-tre de mise en demeure, expertises, etc.

Les solutions alternatives ne doivent pas non plus être négligées. EX. Médiation, conciliation, négociation, clause d'arbitrage dans le contrat, etc.

Nous ne développons pas davantage la question des recours puisque vous en ferez progressivement l'apprentissage.

Dans le cas d'un énoncé, les réponses fournies seront plus théoriques même si l'exposé des recours, mesures et solutions alternatives n'est pas exclu.

Formulation de la réponse
Une fois identifiées les réponses et les solutions au problème juridique qui vous a été soumis, vous devez les communiquer aux personnes intéressées.
La communication peut se faire sous forme verbale ou écrite selon les circonstances et le destinataire.
Il est souvent recommandé de formuler par écrit votre réponse ; vous pourrez ainsi y apporter toutes les nuances qui s'imposent.
Bref, la réponse pourra prendre la forme d'un avis juridique. Organisez vos idées de façon logique. Préparez un plan au besoin. Voir *infra*, 8.3.

Préparation de la preuve	
À cette étape, dans la mesure où un litige se profile à l'horizon, vous devrez déterminer QUI doit prouver QUOI et COMMENT. Nous n'insistons pas davantage sur cette étape pour les mêmes raisons.	
Nous mentionnons simplement quelques articles pertinents en matière civile, en l'occurrence, les articles 2803 (QUI) et 2811 C.c.Q. (COMMENT). Le QUOI dépend des conditions d'application de la règle de droit.	

8.3 Composantes formelles de l'avis juridique[12]

Il convient de signaler que les composantes que nous allons examiner ne constituent pas les divisions explicites de votre avis juridique. Le plus souvent, l'avis juridique se présente sous la forme épistolaire (lettre).

Selon l'ampleur du travail, il pourra être opportun de diviser le texte au moyen de titres et de sous-titres afin d'en faciliter la lecture. Vous pourrez ainsi créer une rubrique « Rappel des faits » et une rubrique « Analyse juridique ». Vous pourrez également diviser l'analyse en fonction des questions soulevées (voir *supra*, 4. Construction de la charpente : le plan).

✓ En-tête

L'en-tête permet de désigner le destinataire, l'objet ainsi que la date de l'avis. Lorsque votre destinataire est une entreprise, assurez-vous d'identifier le bon représentant.

Résumez en quelques mots l'objet de l'avis. Retenez les mots-clefs de la question qui vous a été posée. S'il s'agit d'un dossier litigieux, vous pouvez utiliser l'intitulé de la cause.

Finalement, il est important que l'avis soit daté, d'une part, parce que les lois, les règlements et la jurisprudence peuvent évoluer au fil du temps et, d'autre part, parce que dans la pratique les questions de délais peuvent engager votre responsabilité.

✓ Confirmation et description du mandat

La confirmation et la description du mandat constituent une étape très importante dans la préparation de l'avis juridique.

---

[12] Sources consultées pour la rédaction de cette section : Mᵉ René GAUTHIER, « Les écrits juridiques de la pratique quotidienne dans un contexte extrajudiciaire », dans Collection des habiletés 2006-2007, École du Barreau du Québec, *Rédiger des écrits juridiques*, Montréal, Édition École du Barreau du Québec, 2006, pp. 7-20 ; Serge ALLARD et Pauline CURIEN, *Manuel de rédaction juridique*, Cowansville, Éditions Yvon Blais, 2000 ; Gisèle LAPRISE, *Les outils du raisonnement et de la rédaction juridique*, Montréal, Éditions Thémis, 2000, chapitre 9 ; Denis LE MAY, *Méthodologie du travail juridique*, Montréal, Wilson & Lafleur, 1990, chapitre 3.

Confirmez d'abord votre mandat. Indiquez le contexte dans lequel on vous a soumis le problème. EX. Lors de notre conversation téléphonique le 30 mai dernier, nous avons discuté du problème x et vous m'avez demandé de faire une recherche à ce sujet.

Vous devez ensuite décrire le mandat qui vous a été confié. Cernez avec le plus de précision possible le problème qui vous a été soumis et les questions qui vous ont été posées. Votre avis est rédigé sur la base de ces prémisses. Cette description constitue la lunette à travers laquelle vous allez examiner le problème.

Cette description permettra également de confirmer auprès du client les conditions du mandat qui vous a été confié.

✓ Exposé des faits et des documents pertinents

Pour poser un bon diagnostic juridique, il est essentiel de connaître tous les faits pertinents et d'avoir en main les documents utiles à la solution du problème. Ces faits et documents vous auront été communiqués par votre client ou par des tiers.

Afin de limiter votre responsabilité et de bien situer le contexte à l'intérieur duquel vous vous prononcez, vous devez faire l'exposé des faits qui vous ont été communiqués et décrire les documents dont vous disposez. Cet exposé permettra également au client de connaître les paramètres à l'intérieur desquels vous vous prononcez et, le cas échéant, il pourra vous présenter tout fait ou document qui aurait été initialement omis.

Utilisez un ordre logique pour présenter les faits. Choisissez l'ordre le plus logique compte tenu des faits particuliers de l'affaire : il pourra s'agir de l'ordre chronologique, de l'ordre de la connaissance des faits, etc.

Il peut être préférable de commencer le résumé des faits par le moment où votre client a eu connaissance d'un élément déclencheur plutôt que de remonter tout de suite à la source du problème. EX. En avril dernier, vous avez eu des problèmes d'infiltration d'eau dans votre sous-sol. Vous avez retenu les services d'un professionnel et vous avez réalisé que votre maison, que vous aviez achetée quelques mois auparavant, était affectée d'un vice important. Et ainsi de suite...

Vous devez exercer votre jugement et faire un tri entre les faits pertinents et les détails inutiles ou superflus.

✓ Détermination et énoncé des questions soulevées

Lorsque vous aurez mis en scène la trame factuelle du problème qui vous a été soumis, vous devrez déterminer et énoncer les questions qu'il soulève.

Il est possible que le client vous ait orienté vers une question qui le préoccupe en particulier. À vous de juger de l'importance de cette question. Vous devez déterminer les questions qui doivent être analysées pour résoudre le problème qui vous a été présenté.

Si, à votre avis, des questions connexes peuvent avoir un impact dans le dossier, il est bon de les mentionner, quitte à discuter avec le client de l'intérêt de les analyser.

Tenez compte du degré d'expertise de votre client. Si votre client est un avocat du cabinet pour lequel vous travaillez et qu'il a pris le soin de vous orienter vers une question en particulier, il est inutile de vous attarder à toutes les questions susceptibles d'être soulevées dans le dossier. Vous pouvez simplement souligner au passage les questions qui auraient pu être oubliées.

Il est possible que votre client vous ait posé plusieurs questions distinctes. Vous pourrez les analyser les unes à la suite des autres.

✓ Analyse juridique

(1) Dans cette section, vous devez déterminer et résumer le droit applicable, pour ensuite l'appliquer aux faits et répondre aux questions (2) et, finalement, proposer des solutions et formuler vos conclusions (3).

Ces trois étapes font appel aux techniques de solution d'un problème juridique. Vous devez traverser ce processus d'analyse avant de pouvoir mettre par écrit le résultat de votre recherche à l'intérieur d'un avis juridique.

Quelques CONSEILS de forme et de fond pour la rédaction de l'analyse juridique s'imposent.

Tout d'abord, s'il y a plusieurs questions à traiter, vous devrez les aborder dans un ORDRE LOGIQUE. Vous analyserez les questions préliminaires avant les questions de fond. EX. Les questions sur l'applicabilité d'une loi à une situation donnée sont préliminaires à l'examen des effets qu'elle pourrait avoir.

Afin de faciliter la lecture de votre analyse, vous devrez peut-être UTILISER DES TITRES ET SOUS-TITRES, et ce, en fonction des questions soulevées. Si vous avez plusieurs questions distinctes à analyser, faites précéder l'analyse de chaque question d'un titre. Le plan analytique pourrait bien se prêter à ce type d'exercice.

Faites les efforts qui s'imposent pour être bien compris de votre destinataire. ADAPTEZ VOS PROPOS AU DEGRÉ DE SPÉCIALISATION DE VOTRE CLIENT, tant sur le plan de la FORME que du FOND. Vous ne rédigerez pas de la même façon selon que votre client est un homme d'affaires aguerri, un juriste ou une personne qui n'a aucune notion juridique.

Évitez les expressions techniques si votre client est un profane (ex. contrat *intuitu personae*, *res judicata*, etc.), mais employez tout de même les termes consacrés, quitte à les expliquer (ex. servitude, droit de passage, hypothèque, offre d'achat, emphytéose, etc.). Vous devez employer le LANGAGE JURIDIQUE APPROPRIÉ.

Non seulement le langage utilisé doit-il être adapté au destinataire, mais le contenu également. Selon que votre avis s'adresse ou non à un juriste, vous pourrez insister sur les dispositions législatives ou réglementaires et la jurisprudence qui trouvent application et soulever les controverses jurisprudentielles ou doctrinales.

Si votre destinataire est un profane, vous pouvez simplement énoncer les principes qui trouvent application sans nécessairement mentionner toutes les autorités pertinentes.

Dans tous les cas, faites la SYNTHÈSE du droit applicable. Votre analyse n'aura que peu de valeur s'il ne comporte aucun effort de synthèse.

ÉVITEZ DE FAIRE DE LONGUES CITATIONS. Lorsque par hypothèse votre client a les compétences requises et que vous jugez opportun de citer certains extraits de doctrine ou de jurisprudence, assurez-vous qu'ils servent véritablement vos propos. Votre client recherche un point de vue synthétique sur la question ; il ne veut pas chercher lui-même la réponse parmi une multitude de citations.

SOYEZ CONCIS. Ne traitez pas des éléments qui, après réflexion, ne trouvent pas application en l'espèce. Il n'est pas nécessaire que le destinataire vous suive dans les méandres et circonvolutions de vos réflexions. Ne retenez que ce qui est pertinent pour votre client.

APPLIQUEZ les règles de droit pertinentes aux faits de l'affaire. L'objectif de l'avis juridique, en particulier lorsque le problème est factuel, n'est pas de faire un long exposé théorique sur le droit. Lorsque vous avez identifié les règles de droit applicables et que vous les avez résumées, faites les liens qui s'imposent. Votre avis n'a aucune utilité si vous n'appliquez pas le droit aux faits qui vous ont été soumis.

EXPLIQUEZ les raisons qui justifient vos conclusions. Le client doit comprendre ce qui vous a amené à préférer une interprétation plutôt qu'une autre.

N'OMETTEZ PAS les aspects qui sont moins favorables à la position de votre client. Vous devez présenter un point de vue objectif afin que ce dernier puisse prendre position.

Il faut, dans la mesure du possible, donner l'heure juste au client. Dans certaines situations, il est IMPOSSIBLE DE FOURNIR UNE RÉPONSE CLAIRE ET NETTE au client. Il arrive en effet que la loi ou le règlement soit d'application incertaine, que la controverse subsiste en jurisprudence sur un point de droit, etc.

Faites les NUANCES qui s'imposent, indiquez à votre client qu'il n'y a pas de solution catégorique au terme de votre analyse et proposez la solution qui, selon vous, serait préférable compte tenu des circonstances. Prenez soin cependant de bien exposer la situation afin que le client puisse faire lui-même le calcul coûts/bénéfices.

✓ Recommandations et disponibilités

Cette section permet de faire les recommandations qui s'imposent au client. Vous lui indiquerez les gestes qui, à votre avis, devront être posés (ex. : Modifier une clause d'un projet de contrat, envoyer une mise en demeure, entreprendre des procédures judiciaires, etc.)

Si plusieurs options ou solutions sont disponibles, signalez-les toutes et indiquez celle que vous privilégiez et pour quelles raisons.

En dernier lieu, vous pouvez faire part au client de vos disponibilités afin de discuter du dossier.

8.4 Exemple d'avis juridique

AVIS	
DESTINATAIRE :	Me Ivon Lagacé
EXPÉDITEUR :	Josée Ringuette
DATE :	Le 15 mars 2009
DOSSIER :	M. Untel (n° ABC-123)
Objet :	Contrat d'emploi et clause de non-concurrence

Cher Me Lagacé,

Lors de notre conversation téléphonique de vendredi le 13 mars dernier, vous m'avez exposé la situation de votre client M. Untel qui est lié à son ancien employeur par une clause de non-concurrence. Vous m'avez demandé de déterminer quels sont les recours de l'employeur dans l'éventualité où votre client déciderait de démarrer son entreprise, quels sont les critères qui permettent de contester la validité d'une clause de non-concurrence et, finalement, quelle est l'étendue du devoir de loyauté auquel votre client pourrait être tenu à l'égard de son ancien employeur dans l'hypothèse où une telle obligation existe.

Avant de vous exposer le résultat de mes recherches, je vous résume brièvement les faits qui m'ont été soumis pour les fins de l'analyse. M. Untel, qui travaillait comme représentant aux ventes sur le territoire de l'île de Montréal, a été à l'emploi de la compagnie Bric-à-Brac Inc. pour une durée de 7 mois avant d'être congédié. Son contrat de travail contenait une clause de non-concurrence qui stipulait que M. Untel ne pouvait exercer un travail semblable ni faire concurrence à son employeur pour une période de 9 mois suivant la fin de son contrat, et ce, sur tout le territoire de la province. Votre client souhaite démarrer une entreprise de même nature, mais à l'extérieur de Montréal.

Le contrat de travail de M. Untel est régi par le *Code civil du Québec*. Les articles 2088, 2089 et 2095 C.c.Q. sont particulièrement pertinents. L'article 2088 C.c.Q. codifie l'obligation de loyauté du salarié[1] :

---

[1]   Robert P. GAGNON, *Le droit du travail au Québec*, 6e éd., Cowansville, Éditions Yvon Blais, 2008, n° 113, p. 83.

> 2088. Le salarié, outre qu'il est tenu d'exécuter son travail avec prudence et diligence, <u>doit agir avec loyauté</u> et ne pas faire usage de l'information à caractère confidentiel qu'il obtient dans l'exécution ou à l'occasion de son travail.
>
> <u>Ces obligations survivent pendant un délai raisonnable après cessation du contrat, et survivent en tout temps lorsque l'information réfère à la réputation et à la vie privée d'autrui.</u>

Les articles 2089 et 2095 C.c.Q. précisent les conditions de légalité et de mise en œuvre des clauses de non-concurrence :

> 2089. Les parties peuvent, par écrit et en termes exprès, stipuler que, même après la fin du contrat, le salarié ne pourra faire concurrence à l'employeur ni participer à quelque titre que ce soit à une entreprise qui lui ferait concurrence.
>
> <u>Toutefois, cette stipulation doit être limitée, quant au temps, au lieu et au genre de travail, à ce qui est nécessaire pour protéger les intérêts légitimes de l'employeur.</u>
>
> Il incombe à l'employeur de prouver que cette stipulation est valide.
>
> 2095. L'employeur ne peut se prévaloir d'une stipulation de non-concurrence, <u>s'il a résilié le contrat sans motif sérieux</u> ou s'il a lui-même donné au salarié un tel motif de résiliation. (Nous soulignons)

Analysons ces dispositions à la lumière des faits. Tout d'abord, il sera nécessaire d'obtenir davantage d'information de la part de M. Untel sur les circonstances de son congédiement ; en effet, cet aspect pourrait s'avérer important dans le présent dossier puisque, comme le prévoit l'article 2095 C.c.Q., un employeur ne peut se prévaloir d'une clause de non-concurrence s'il a résilié le contrat sans motif sérieux.

Par ailleurs, l'article 2089 C.c.Q. prévoit qu'une clause de non-concurrence doit être limitée « quant au temps, au lieu et au genre de travail, à ce qui est nécessaire pour protéger les intérêts légitimes de l'employeur » ; le fardeau de prouver la validité d'une telle stipulation repose sur les épaules de l'employeur.

Une clause de non-concurrence dont les limites relatives au territoire, à la durée et au genre d'activité ne sont pas raisonnables, compte tenu des circonstances, sera considérée comme contraire à l'ordre public[2]. Une telle clause ne pourra pas être réécrite par les tribunaux ; elle est illégale ou ne l'est pas, un juge ne pourra la modifier pour en limiter l'application[3].

La question du caractère raisonnable d'une clause de concurrence est analysée en fonction de la situation particulière de l'employé et les critères de validité doivent faire l'objet d'une évaluation globale, les uns par rapport aux autres[4]. En cas de doute, une clause de non-concurrence devra toujours être interprétée en faveur du salarié qui a contracté l'obligation et contre l'employeur qui l'a stipulée (art. 1432 C.c.Q.), et ce, en raison du rapport de force existant généralement entre l'employeur et l'employé.

Les restrictions prévues à une clause de non-concurrence doivent se limiter à ce qui est nécessaire pour protéger les intérêts légitimes de l'employeur et ne devraient en aucun cas empêcher une personne de gagner sa vie en utilisant ses connaissances et ses aptitudes professionnelles[5]. En l'espèce, il faudrait obtenir davantage d'information sur la formation professionnelle de M. Untel.

Dans le présent cas, nous pensons que le territoire visé par la clause pourrait prêter le flanc à la critique :

> « La raisonnabilité de la restriction territoriale contenue à la clause de non-concurrence sera notamment évaluée en fonction de l'étendue des activités économiques de l'entreprise. La clause de non-concurrence ne saurait en principe viser un territoire plus vaste que celui dans lequel l'employeur fait affaire ou poursuit ses activités. [...]

---

2   Jean-Louis BAUDOUIN et Pierre-Gabriel JOBIN, *Les obligations*, 6ᵉ éd. par P.-G. JOBIN avec la collab. de Nathalie VÉZINA, Cowansville, Éditions Yvon Blais, 2005, p. 207-208.

3   *Pauzé* c. *Descôteaux*, [1986] R.D.J. 610 (C.A.).

4   Nathalie-Anne BÉLIVEAU, « Les conditions de validité des clauses de non-concurrence dans les contrats d'emploi : synthèse », *Développements récents sur la non-concurrence (2008),* Service de la formation continue du Barreau du Québec, 2008, *Droit civil en ligne* (DCL), EYB2008DEV1450, p. 15 (PDF).

5   *Excelsior, compagnie d'assurance-vie* c. *Mutuelle du Canada (La), compagnie d'assurance-vie*, [1992] R.J.Q. 2666 (C.A.).

Quoique des clauses de non-concurrence comportant un territoire correspondant à celui desservi par l'entreprise aient été jugées raisonnables, il demeure néanmoins préférable de limiter la restriction au territoire dans lequel l'employé exerce ses activités. Un territoire qui excède celui dans lequel l'employé a fait des affaires est en effet parfois jugé déraisonnable par les tribunaux. »[6]

Plus spécifiquement, il a déjà été conclu en jurisprudence qu'il était déraisonnable de défendre à un employé qui n'avait travaillé que dans l'île de Montréal de gagner sa vie en exerçant son métier dans tout le territoire du Québec[7]. Il faudra donc s'enquérir de l'étendue des activités économiques de la compagnie Bric-à-Brac Inc.

Quant à la durée de la clause de non-concurrence, bien qu'elle ne nous paraisse pas intrinsèquement déraisonnable, elle pourrait l'être en raison de la période relativement courte pendant laquelle M. Untel a été à l'emploi de la compagnie[8].

Si la clause de non-concurrence est jugée invalide, l'ancien employé reste tenu par une obligation de loyauté conformément à l'article 2088 C.c.Q., mais cette obligation ne peut en aucun cas être plus onéreuse qu'une clause de non-concurrence : « L'ex-employeur ne peut ni rechercher ni obtenir par l'article 2088 (2) la protection qu'il aurait pu ou dû rechercher et obtenir par le biais d'une clause de non-concurrence ou autre clause assimilable. »[9] L'obligation de loyauté post-emploi doit par ailleurs recevoir une interprétation beaucoup plus restrictive que l'obligation de loyauté applicable pendant la durée du contrat de travail[10].

---

6   N.-A. BÉLIVEAU, préc., note 4, p. 19-20 (PDF).

7   *Béchard* c. *Traitement postal 2000 Inc.*, [1994] n° AZ-95021054 (C.S.) ; *Faucher Industries Inc.* c. *Poliziani*, [2004] n° AZ-50276489 (C.S.).

8   Voir notamment *MC Coach Informatic International Inc.* c. *JSMCI*, [2001] n° AZ-50187801 (C.S.) ; *IEG Systems Consultants Inc.* c. *Energia Systems Corp.*, [2001] n° AZ-50103764 (C.S.).

9   Marie-France BICH, « La viduité post-emploi : loyauté, discrétion et clauses restrictives », dans *Développements récents en droit de la propriété intellectuelle*, Service de la formation permanente du Barreau du Québec, 2003, *Droit civil en ligne* (DCL), EYB2003DEV358, p. 35 (PDF).

10   *Gestion Marie-Lou (St-Marc) Inc.* c. *Luc Lapierre*, [2003] n° AZ-50190001 (C.A.) ; *Concentrés scientifiques Bélisle inc.* c. *Lyrco Nutrition Inc.*, 2007 QCCA 676.

Comme le rappelle un auteur, cette obligation peut varier en fonction de plusieurs facteurs :

> « [...] le contenu substantiel de l'obligation de loyauté (dont sa durée) est variable puisqu'il dépend d'une pluralité de facteurs : nature particulière de l'emploi et de l'entreprise ; durée du service du salarié au sein de l'entreprise ; niveau hiérarchique ; niveau de responsabilité ; existence de liens privilégiés avec la clientèle ; accès à des renseignements confidentiels ; etc. »[11]

Dans la mesure où l'obligation de loyauté pourrait trouver application indépendamment de la clause de non-concurrence, il faudra obtenir davantage d'information de la part de M. Untel sur son contexte d'emploi chez Bric-à-Brac Inc.

L'auteur précité résume les principes applicables en matière d'obligation de loyauté post-emploi[12] :

> « [..] de manière générale, un salarié qui quitte son employeur est libre de mettre au service d'autrui — ou encore de sa propre entreprise — l'expertise, les connaissances générales et les qualités qui sont les siennes, et cela même s'il les a acquises ou enrichies au service d'un ancien employeur. Ces biens sont ses actifs, lui sont propres, et leur usage ne peut être limité en l'absence d'un consentement explicite à cet effet. L'ancien employeur ne peut prétendre, à leur sujet, à quelque droit de propriété ou d'exclusivité. Quant à la clientèle, comme l'a déjà affirmé le juge LeBel alors qu'il siégeait encore à la Cour d'appel, « celle-ci reste libre de ses choix, et décide où elle se portera ».

> Toutefois, le salarié se voit interdire, pour une durée raisonnable, d'avoir recours à des moyens de concurrence abusifs comme, par exemple, les actes de désorganisation et de parasitisme ou la sollicitation ciblée rendue possible ou encore facilitée par de l'infor-

---

[11] Robert Bonhomme, « Obligation de loyauté post-emploi : plusieurs visages, gare à l'imposteur », dans *Service de la formation continue du Barreau du Québec, Développements récents sur la non-concurrence (2008)*, 2008, EYB2008DEV1453, p. 2 (PDF).

[12] Comme l'a d'ailleurs fait tout récemment la Cour d'appel sous la plume de la juge Bich dans l'arrêt *Concentrés scientifiques Bélisle Inc. c. Lyrco Nutrition Inc.*, 2007 QCCA 676.

mation confidentielle. Il ne saurait non plus tirer profit des occasions d'affaires dont il aurait pris connaissance dans le cadre de son ancien emploi. En quelque sorte, le salarié sortant doit continuer, pour une certaine période tampon, de placer l'intérêt de son ancien employeur au-devant du potentiel de gain découlant des avantages concurrentiels tirés de son ancien emploi. »[13]

Il sera donc important de bien encadrer M. Untel dans l'exploitation de son éventuelle entreprise.

Quant à la durée de l'obligation de loyauté post-emploi, la juge Bich écrivait dans *Concentrés scientifiques Bélisle Inc. c. Lyrco Nutrition Inc.* : « [...] la durée de l'obligation de loyauté postcontractuelle dépend des circonstances de chaque espèce, mais elle dépasse rarement quelques mois. »[14]

Finalement, quels sont les recours dont dispose l'employeur qui voudrait faire respecter une clause de non-concurrence ou une obligation de loyauté post-emploi ? Un tel employeur pourra recourir à l'injonction et ainsi tenter d'obtenir l'exécution forcée des obligations d'abstention qui découlent de la clause de non-concurrence ou des devoirs de loyauté ou de discrétion prévus à l'article 2088 C.c.Q. Il pourra également demander l'exécution directe d'une clause pénale si une telle clause existe. L'employeur pourra par ailleurs exercer un recours en dommages-intérêts s'il peut prouver qu'il a subi des dommages conformément aux règles des articles 1607 à 1621 C.c.Q.[15] L'employeur étant par ailleurs toujours tenu de mitiger ses dommages.

N'hésitez pas à me faire part de vos questions et commentaires. Je reste à votre disposition pour toute recherche additionnelle dans ce dossier.

---

[13]   R. BONHOMME, préc., note 11, p. 4 (PDF).

[14]   Préc., note 12.

[15]   Heenan BLAIKIE, « Le contrat de travail », dans *Collection de droit 2008*-2009, École du Barreau du Québec, vol. 8, *Droit civil en ligne* (DCL), EYB2008CDD19, p. 32 (PDF). Il s'agira essentiellement de responsabilité contractuelle, mais une situation de responsabilité extracontractuelle n'est pas exclue si le salarié commet une faute civile (ex. fraude, diffamation, etc.). R. BONHOMME, préc., note 11.

BIBLIOGRAPHIE

Monographies

ALLARD, S. et P. CURIEN, *Manuel de rédaction juridique*, Cowansville, Éditions Yvon Blais, 2000.

CRÉPEAU, P. A. et Jean ROY, *La dissertation juridique*, Faculté de droit, Université de Montréal, 1963.

BAUDOUIN, J.-L., *Les perles de Thémis ou Les joyaux de l'humour involontaire*, Cowansville, Éditions Yvon Blais, 1990.

Les perles de Thémis, t. 2, Cowansville, Éditions Yvon Blais, 1995.

Les perles de Thémis, t. 3, Cowansville, Éditions Yvon Blais, 2001.

BEAUDOIN, L. et M. MAILHOT, *Expressions juridiques en un clin d'œil*, 3e éd., Cowansville, Éditions Yvon Blais, 2005.

BARREAU DU QUÉBEC, *Théorie d'une cause*, dans Collection des Habiletés 2002-2003, Montréal, Édition École du Barreau du Québec, 2002.

DREYFUS, S., *La thèse et le mémoire de doctorat*, 2e éd., Paris, Éditions Cujas, 1983.

DREYFUS, S. et L. NICOLAS-VULLIERME, *La thèse de doctorat et le mémoire. Étude méthodologique*, 3e éd., Paris, Éditions Cujas, 2000.

FITZGERALD, M. F., *Legal Problem Solving: Reasoning, Research & Writing*, 3e éd., Markham (Ontario), LexisNexis Canada Inc., 2004.

GAGNON, M. et F. FARLEY-CHEVRIER, *Guide de la recherche documentaire*, Montréal, Les Presses de l'Université de Montréal, 2004.

GOULET L. et G. LÉPINE, *Cahier de méthodologie*, 4e éd., Université du Québec à Montréal, 1987.

GOUBEAUX, G. et P. BIHR, *Les épreuves écrites de droit civil*, 8e éd., Paris, L.G.D.J., 1996.

LAPRISE, G., *Les outils du raisonnement et de la rédaction juridique*, Montréal, Éditions Thémis, 2000.

LE MAY, D., *La recherche documentaire juridique au Québec*, Montréal, Éditions Wilson & Lafleur/SOREJ, 1984.

Méthodologie du travail juridique, Montréal, Wilson & Lafleur, 1990.

MAZEAUD, H. et D. MAZEAUD, *Méthodes générales de travail : DEUG Droit*, Paris, Montchrestien, 1996.

MAZEAUD, H., *Nouveau guide des exercices pratiques pour les licences en droit et en sciences économiques*, Paris, Éditions Montchrestien, 1966.

MAILHOT, L., *Écrire la décision : Guide pratique de la rédaction judiciaire*, 2ᵉ éd., Cowansville, Éditions Yvon Blais, 2004.

PARIS, C. et Y. BASTARACHE, *Philosopher : Pensée critique et argumentation*, 2ᵉ éd., Québec, Éditions C.G., 1995.

Articles de revues et études de recueils

LE MAY, D., « Recherche jurisprudentielle : faut-il tout trouver ? Problèmes et limites de l'exhaustivité », (2006) 38-9 *Journal du Barreau du Québec* 9.

PAYETTE, J., « Le soin à apporter à la présentation d'un écrit juridique », dans Collection des habiletés 2006-2007, *Rédiger des écrits juridiques*, Montréal, École du Barreau du Québec, 2006, p. 65.

GAUTHIER, R., « Les écrits juridiques de la pratique quotidienne dans un contexte extrajudiciaire », dans Collection des habiletés 2006-2007, *Rédiger des écrits juridiques*, Montréal, École du Barreau du Québec, 2006, p. 7.

Dictionnaires et ouvrages de références

CORNU, G. (dir.) / ASSOCIATION HENRI CAPITANT, *Vocabulaire juridique*, 8ᵉ éd., Paris, Quadrige/PUF, 2007.

DE VILLIERS, M.-É., *Multidictionnaire de la langue française*, 5ᵉ éd., Montréal, Éditions Québec Amérique, 2009.

Le Nouveau Petit Robert de la langue française 2009, Paris, Dictionnaires Le Robert, 2008.

LLUELLES, D., *Guide des références pour la rédaction juridique*, 7ᵉ éd. avec la collab. de J. RINGUETTE, Montréal, Éditions Thémis, 2008.

GREVISSE, *Précis de grammaire française*, 30ᵉ éd., Louvain-la-Neuve, Éditions Duculot, 1995.

MAYRAND, A., *Dictionnaire de maximes et locutions latines utilisées en droit*, 4ᵉ éd. mise à jour par M. MAC AODHA, Cowansville, Éditions Yvon Blais, 2006.

Ressources en ligne

CENTRE NATIONAL DE RESSOURCES TEXTUELLES ET LEXICALES, en ligne : <http://www.cnrtl.fr>.

GARDNER, D. et D. GOUBAU, *Guide de la dissertation juridique*, 3ᵉ éd., Québec, Faculté de droit de l'Université Laval, en ligne : <http://www. fd.ulaval.ca/publications/couverture.html>.

OFFICE QUÉBÉCOIS DE LA LANGUE FRANÇAISE, *Grand dictionnaire terminologique*, en ligne : <www.granddictionnaire.com>.

SERVICE DES BIBLIOTHÈQUES DE L'UQAM, *Le plagiat*, 2005, mise à jour 29 juin 2009, en ligne : <http://www.bibliotheques.uqam.ca/recherche/plagiat/index.html>.

SOQUIJ, *Chroniques linguistiques*, en ligne : <www.depeche.soquij.qc.ca>.

UNIVERSITÉ DE MONTRÉAL, *Intégrité, fraude et plagiat*, en ligne : <http://www.integrite.umontreal.ca/pratiques/sources.html>.

Autres documents

BICH, M.-F. et P. TRUDEL, *Recherche et rédaction. Guide méthodologique*, Recueil de textes, Faculté de droit, Université de Montréal, 1987.

L'honorable J. DELISLE et J. PLAMONDON, Bulletin *La Forme*, Québec, 2005-2009.

VÉZINA N., avec la collab. S. REYNOLDS, *Guide d'initiation à la communication orale et écrite en droit*, dans le cadre du cours Méthodologie juridique – Partie II (DRT 130), Faculté de droit de l'Université de Sherbrooke, 2003-2004.

Vade-mecum du traducteur-rédacteur de la GRC, mai 1999. (Ce document a été aimablement porté à notre attention par Mᵉ Didier Lluelles.)

La production du titre **Petit Manuel de Rédaction à l'Usage des Étudiants en Droit** sur du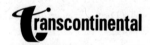
Rolland Enviro 100 Édition plutôt que du papier vierge réduit votre empreinte écologique

Arbre(s) : 2
Déchets solides : 45 kg
Eau : 4 241 L
Matières en suspension dans l'eau : 0,3 kg
Émissions atmosphériques : 98 kg
Gaz naturel : 6 m^3

ranscontinental

Imprimé au Canada par
Transcontinental Métrolitho

Imprimé sur Rolland Enviro 100, conten
100% de fibres recyclées postconsomm
certifié Éco-Logo, Procédé sans chlore, F
Recyclé et fabriqué à partir d'énergie bi